전통놀이 사용설명서

전통놀이
사용설명서

승경도, 승람도, 저포, 쌍륙, 구구소한도, 성불도, 육박…
오징어게임의 원형, 한국전통놀이

오정윤, 주정자, 이명자, 박미정, 조태희, 오미숙, 신지연, 김윤화, 이래양,
고은희, 신경선, 남기연, 이정희, 허회선, 김지혜, 정분아, 김재랑, 김미애,
최경화, 장미경, 장미화, 안두옥, 김연식, 권분경, 황보희, 김형미, 우덕희,
박연하, 홍수례, 한국역사인문교육원(미래학교), 한국전통놀이학교 지음

마인드큐브

머리말 ——
전통놀이는 과거와 미래를 잇는 현재의 행복!

《전통놀이 사용설명서》가 세상에 나와 첫 선을 보이게 되었다. 처음 붓을 들고 여럿이 함께 저술을 고민하던 순간들이 떠올랐다. 그날로부터 어느새 4년의 시간이 훌쩍 지나갔다. 그리고 지금 그때의 기억과 발걸음이 깊은 시간 속에서 다시 현재의 공간에 살아났다.

전통놀이가 세상에 나오다!

기쁨과 두려움이 교차하는 순간이다. 전통놀이를 소개한다는 기쁨과 함께 고증과 설명에 잘못이 있지 않을까 하는 두려움이 뒤따른다. 두 마음의 갈림길에서 주저 없는 선택은 전통놀이를 세상에 소개한다는 기쁨일 것이다.

이 책《전통놀이 사용설명서》는 전통놀이 발굴과 기획, 보급전승을 위한 교육과정을 운영하는 한국역사인문교육원(미래학교)의 민간자격

칠교도를 배우는 모습

육박의 전승활동

증 양성과정인 '전통놀이 지도사범' 여러분들이 참여하여 만들었다. 전통놀이 보급과 전승의 전사들이 바로 이들이다.

　이 책은 현장에서 익힌 경험과 지식이 고스란히 스며 있는 현장실무형 전통놀이 교과서이다. 우리의 역사 속에서 이런 전통놀이가 존재하였고, 지금도 현장에서 전승되고, 많은 이들이 배우고 있다는 사실을

육박의 자격과정

알리는 출발점이라 할 수 있다. 과거의 시간과 현재의 공간이 만나는 황홀감은 전통놀이의 현장에서만 만끽할 수 있는 즐거움이다.

판놀이는 지혜놀이이다!

이번 단행본에 등장하는 전통놀이는 지혜와 역사와 문화가 숨 쉬는 판놀이이다. 우리말로는 판놀이이고, 고전적으로는 국희(局戱)라고 하였으며, 현대용어로는 보드게임(Boardgame)이라고 한다. 판놀이는 두뇌와 전술이 가장 돋보이는 놀이종목이다. 그래서 판놀이는 지혜놀이라고도 한다.

그런데 안타깝게도 교육현장에서, 문화현장에서, 오락의 공간에서 전통 판놀이는 존재감이 없었다. 그것은 바둑과 장기로 대표되는 판놀이에 가려지고, 개인이 쉽게 놀이에 빠질 수 있는 컴퓨터와 스마트폰이 널리 보급되면서, 많은 전통놀이들이 역사성과 문헌적 근거가 있음에도 불구하고 어느 순간 전승이 단절된 것이 그 이유의 하나이다.

판놀이는 가장 대중적이다!

판놀이는 전통성이 있는 놀이이다. 역사성도 깊다. 전통시대에는 권위가 넘치는 궁궐에서, 백성들의 흥이 넘치는 시장에서, 기품 있는 가택에서, 서당과 같은 교육공간에서 멈추지 않는 생명력으로 유행하고 전승이 이어졌다. 비록 현대에 이르러 희귀한 전통문화로 기억되지만, 한 가닥 숨으로 이어져 다시 복원되면서 보급과 전승이 시작되었다.

전통놀이는 역사적 계승성과 문헌적 고증을 할 수 있는 놀이이다. 그중에서도 판놀이는 놀이방법과 기원 등을 알 수 있는 자료들이 풍부하다. 다만 역사의 과정에서 새로운 놀이의 등장, 유교사상적 이유 등으로 전승이 끊어진 것도 많은데, 다행스럽게 관련 문헌이 있어 발굴과 고증을 통해 원형에 가깝게 복원이 가능하다. 이런 종목이 바로 저포, 육박, 승람도, 승경도, 성불도놀이 등이다.

전통놀이는 호모노리안스의 필수품이다!

놀이하는 인간을 호모루덴스(HomoRudens)라고 한다. 놀이는 인간 삶의 중요한 구성부분이다. 우리식으로 호모노리안스(HomoNorians)라고 정의한다. 이 책은 호모루덴스, 곧 호모노리안스에게 헌정하는 작은 선물이다.

전통놀이를 배우는 청소년들

책의 구성은 1부 역사이론과 2부 판놀이 소개로 나누었다. 역사이론에는 전통놀이에 대한 이해를 돕기 위하여 전통놀이의 개념, 판놀이의 종류, 전통놀이와 세시풍속 등을 저술하였다. 2부는 저포, 쌍륙, 육박 등 판놀이 11종에 대한 기원, 출처, 놀이방법을 소개하였다. 한 권의 책에 모든 것을 담아낼 수 없기에 핵심적인 요체만 소개하는 아쉬움이 무척 크다.

첫 술에 배부를 수 없다. 판놀이를 처음으로 소개하는 것에 작은 의

참고누 전승활동

미를 두고자 한다, 아울러 이 책이 나오는데 고생한 여럿에게 고마움을 표한다. 우선 공부의 현장에서, 놀이의 공간에서 함께 해주신 전통놀이 지도사범 여러 선생님들에게 공을 돌리고 싶다.

또한 전통놀이 교육과 전승의 전선에서 활약이 높으신 한국전통놀이학교 주정자 교장 선생님, 전통놀이 지도사범 자격증 교육과정을 맡아 예비강사들을 배출하는데 열정을 보태주신 이명자, 박미정 전임교수 선생님, 놀이판을 설계하고 제작한 박연하 선생님을 빼놓을 수 없다. 참으로 깊은 고마움의 인사를 드린다.

끝으로 이 책의 탄생을 누구보다 앞장서서 이끌어주시며 편집과 기획을 맡아주신 맹한승 주간님, 어려운 출판환경도 마다치 않고 책을 내주신 마인드큐브 출판사 이상용 대표님과 아름답게 책을 디자인해 주

시민들과 전통놀이 한마당

신 투에스북디자인 정태성님께도 고마움의 인사를 드린다.

이 책이 전통놀이의 보급과 확산에 애쓰시는 전국의 전통놀이 지도사 선생님, 국가돌봄과정인 늘봄학교에서 전통놀이를 교육하시는 모든 선생님, 전통놀이를 배우려는 모든 시민 여러분들에게 작은 지침서가 되었으면 하는 바람이다.

2024년 7월 31일
총괄기획
미래학교 대표 오 정 윤

목차 🏵 ꕤ 🏵 🏵

제1부
전통놀이의 개념과 역사

전통놀이의 개념,
역사적 계승성과 문헌적 근거

주정자
todayisnumber1@hanmai.net
한국전통놀이학교 교장
미래학교 전통놀이 전임교수

예로부터 시간적으로, 역사적으로 전승되는 놀이를 보통 '전통놀이'라고 부른다. 그런데 광의의 개념, 포괄적인 개념, 사전적(辭典的)인 의미에서 모든 놀이를 전통놀이라고 부를 수는 없다. 세부적인 차원에서 분석하면 전통놀이, 전래놀이, 민속놀이는 서로 다른 부분이 많이 존재한다. 따라서 전통놀이의 발굴, 보급, 교육, 전승활동을 하기 위해서는 우선적으로 전통놀이, 전래놀이, 민속놀이 등에 대한 명확한 사전적 정의를 아는 것이 필요하다.

전통놀이를 부르는 다양한 용어		
① 전통놀이	② 전래놀이	③ 민속놀이
④ 세시풍속놀이	⑤ 전승놀이	⑥ 민속유희

전래놀이, 민속놀이, 전통놀이의 구분

———

사회적으로 전통놀이에 대한 명칭 가운데 가장 널리 쓰이고 있는 개념은 전통놀이, 전래놀이, 민속놀이 등 3종류이다. 이것을 자세히 분류하면 뜻이 명확해진다.

전래놀이 : 민간에 전승되는 놀이

전래놀이는 표준화된 개념정리 이전부터 널리 사용된 것으로 많은 사람들에게 인지도(認知度)가 높은 용어라 하겠다. 전래놀이는 민간에 오랫동안 전승되고 다양한 지역과 계층에서 즐기는 놀이지만, 역사적 계승성과 문헌적 고증이 어렵고, 자생적인지 외래적인지 불명확하다는 특성이 있다.

전래놀이 : 제기차기

① 전래놀이	② 민속놀이	③ 전통놀이
전승과정이 불투명, 오랜 기간 민간에 전승	시간적으로 주기적이며, 마을 등 공간 단위	역사적 계승성과 문헌적 근거

민속놀이 : 시공간과 결합되는 놀이

민속놀이는 국가, 사회, 지역단위의 축제나 여러 행사의 성격이 짙고, 계절적 변화와 지리문화적 특성을 반영하는 놀이이다. 또한 시간적으로 세시풍속과 어우러져 전승되는 놀이의 성격을 지니고 있어 개인적 차원보다는 집단적 차원의 놀이이다. 보통 민속유희, 민속경기, 민

민속놀이 : 씨름

속예능, 향토오락, 전승놀이 등으로 불린다. 그리고 전승과정이나 기록, 많은 이들의 높은 인지도, 역사성이 명확한 부분이 많아서 전통 민속놀이로 겸칭하여 부르기도 한다.

전통놀이 : 기록과 계승성이 있는 놀이

전통놀이는 사회적 관습이나 시대적 배경, 조상으로부터 전해지는 성격이 강하고, 역사적 계승성이나 문헌적 근거를 찾을 수 있는 놀이를 말한다. 자생적이거나 외래적인 것이라도 오랜 기간 우리 역사, 문화, 삶에서 융화되어 있다는 특징이 있다. 따라서 전래놀이, 민속놀이, 전통놀이의 3가지 개념 가운데 역사성과 문헌성을 고려하여 '전통놀이'를 표준개념으로 사용하는 것이 가장 바람직하다 하겠다.

전통놀이 : 승경도

전통놀이의 종류

———

우리 민족은 만주와 한반도를 터전으로 삼아 수천 년의 삶을 이어오는 과정에서 다양한 놀이문화를 창조하고 그 전통을 지켜왔다. 전통놀이는 이처럼 고대로부터 일반적으로 행해지면서 민간에 의하여 전승되어 오는 여러 가지 놀이로서 전통성, 역사성, 고유성, 지속성을 지니는 놀이를 말한다.

따라서 전통놀이에는 전통사회가 기르고자 했던 신념과 가치를 담고 있는 하나의 문화유희(文化遊戲)이고, 삶에 대한 우리 민족의 전통적인 가치를 공유할 수 있는 문화유산(文化遺産)이라는 점에서 문화적으로나 교육적으로 커다란 의의를 지닌다.

전통놀이는 놀이를 하는 사람들의 성별(性別), 나이, 계절 등에 따라 여러 가지로 분류할 수 있다. 일반적인 분류는 성별에 따라 남녀의 놀이, 나이에 따라 아이들과 어른의 놀이, 계절에 따라 봄, 여름, 가을, 겨울의 놀이 등으로 나눌 수 있으며, 놀이가 행해지는 장소와 도구에 따라 판놀이, 마당놀이, 몸놀이 등으로 분류가 가능하다.

개념에 따른 놀이의 분류

전통놀이의 개념에 따른 분류는 전통놀이의 발생과 기원, 역사적 연원, 놀이하는 시간과 공간에 따라 일반적으로 윷놀이, 고누, 승경도 등이 있는 전통놀이, 예로부터 전해오는 팽이치기, 자치기, 공기놀이 등의 전래놀이, 마을마다 세시풍속에 따라 공동체적 성격이 강한 씨름,

그네, 줄다리기 등의 민속놀이로 나눌 수 있다.

전통놀이	전래놀이	민속놀이
윷놀이	공기놀이	씨름
구구소한도	팽이치기	그네
승경도	땅따먹기	차전놀이
저포	못치기	달집사르기
쌍륙	고무줄놀이	줄다리기
승람도	딱지치기	거북놀이
육박	보물찾기	널뛰기

성별에 따른 놀이의 분류

놀이를 하는 주체에 따라 연날리기, 팽이치기, 비석치기 등 어린이들이 주로 하는 아동놀이와 다리밟기, 활쏘기 등 어른들이 즐겨 하는 성인놀이로 분류할 수 있다. 그리고 아동놀이는 성별에 따라 남아놀이와 여아놀이로, 성인놀이는 남자놀이와 여자놀이로 나눌 수 있다.

아동놀이		성인놀이	
남아놀이	여아놀이	남자놀이	여자놀이
연날리기	공기놀이	줄다리기	강강수월래
비석치기	콩주워먹기	달집사르기	그네뛰기

팽이치기	남생아놀아라	돈치르기	널뛰기
고누놀이	고사리꺾자놀이	거북놀이	보물찾기
자치기	청어엮자놀이	종경도놀이	가투놀이
땟공차기	덕석말이놀이	다리밟기	쌍륙
죽마놀이	꼬리따기놀이	차전놀이	화전놀이
낫치기	문열어라놀이	윷놀이	모래찜질
갈퀴치기	가마타기놀이	한장군놀이	놋다리밟기
잰부박불넘기	땅뺏기놀이	활쏘기	길쌈놀이
쫄기접시	숨바꼭질	목침당기기	골패
쥐불놀이	수건돌리기	바둑	답청

어른놀이 : 골패(기산풍속도)

계절에 따른 놀이의 분류

우리나라는 봄, 여름, 가을, 겨울 등 4계절이 뚜렷한 지역에 위치하여 계절별 놀이가 매우 발달되어 있다. 사막과 초원이 많은 몽골, 동토의 추위가 기승을 부리는 시베리아, 찌는 듯한 더위의 적도 부근의 놀이공간과는 뚜렷하게 구분되는 특징이라 하겠다. 이런 점에서 우리나라의 놀이문화는 다양성을 특징으로 하며, 놀이의 종류도 세계적으로 손꼽을 정도로 많다. 그중에서도 계절별 놀이는 우리나라 전통놀이의 가장 자랑할만한 덕목이다,

봄	여름	가을	겨울
그네뛰기	못치기	강강수월래	팽이치기
탑돌이	공기놀이	단풍놀이	연날리기
궁술대회	장기	길쌈놀이	장치기
회전놀이	바둑	메뚜기잡기	말타기
달래춤	고누놀이	씨름	윷놀이
강릉단오굿	꼴따먹기	길쌈놀이	널뛰기

운주사 탑돌이(운주사)

장소와 도구에 따른 분류

장기, 바둑, 쌍륙, 구구소한도 등 전통적 판놀이는 기본적으로 실내놀이이다. 팽이치기나 땅따먹기와 같은 놀이는 바깥놀이이고 마당놀이이다. 신체만으로 노는 몸놀이와 도구를 사용하는 도구놀이로도 분류할 수 있다.

실내놀이	마당놀이	몸과 도구놀이
바둑	팽이치기	그네뛰기
장기	공기놀이	차전놀이
고누	비석치기	실뜨기
승경도	땅따먹기	인형놀이
저포	자치기	연날리기
쌍륙	씨름	널뛰기

육박	못치기	말타기
성불도놀이	오징어놀이	길쌈놀이
구구소한도	연날리기	메뚜기잡기

광통교 다리밟기(서울 중구청)

판놀이

판놀이는 놀이판과 말, 주사위, 윷 등을 사용하여 지혜를 겨루는 놀이의 성격이 강하다. 그래서 지혜놀이라고 부르며. 한자어로는 기류(棋類), 박류(博類)로 분류하는데, 우리나라는 기류와 박류의 놀이를 합하여 판놀이라고 부르며, 서양에서는 보드게임(Board Game)이라고 한다. 한자어로는 국희(局戲)라고 표기한다. 이 책《전통놀이 사용설명서》에 나오는 놀이는 판놀이이다.

전통놀이는 어떤 세계인가, ━━━
전통놀이, 전래놀이, 민속놀이의 개념

박미정
mijung703@naver.com
성남청소년역사인문학교 대표
미래학교 전통놀이 전임교수

전통놀이에 대한 시민들의 관심과 참여가 뜨겁다. 2019년에 방영되어 세계적인 인기를 끈 넷플릭스 드라마 〈오징어게임〉의 영향이 크다고 본다. 그것이 욕망과 죽음을 내걸고 대결하는 생존게임의 형식으로 등장하는 부정적 방식이기는 하지만, 〈오징어게임〉은 확실하게 한국의 전통적인 놀이에 대한 호기심과 놀이 참여에 대한 열기를 폭발적으로 증폭시킨 계기였다는 점은 틀림없는 사실이다.

오징어게임 : 2021년에 넷플릭스에서 방영된 전통놀이 소재의 생존게임 드라마

전통놀이는
왜 사라졌는가?

——

그런데 막상 축제, 학교, 시장, 그리고 집에서 전통놀이를 즐기려 하면 놀이도구를 구하거나 접할 수 있는 놀이종목은 그리 많지 않다. 마당에서 할 수 있는 놀이도 공간을 확보하는 게 쉽지 않은 편이다. 한국이 농업사회에서 공업사회로 빠르게 선진화하고, 마을공동체에서 도시 개별화로 급속하게 변화하면서 상당수의 놀이가 유실된 것이 그 이유

넷플릭스 : 1997년에 설립된 멀티미디어
엔터테인먼트 OTT(인터넷 미디어 서비스) 플랫폼

의 하나겠지만, 정보화사회에 들어서면서 전자오락기, TV, PC방, 영화관, 연극, 노래방, 스마트폰, 대중적인 맛집, 실외오락장, 휴게카페, 프로스포츠 등 다양한 형태와 방식으로 진화한 놀이의 대체제가 폭발적으로 늘어난 것도 또 다른 원인의 하나라고 할 수 있을 것이다.

전통방식에 의거한 놀이의 상실과 축소는 산업사회에서 어쩔 수 없는 사회적 변화 때문이라 하겠지만, 전(前) 근대사회에서 놀이는 노동과 함께 삶의 주요한 영역의 하나였다. 고단한 노동의 뒤에 오는 휴식, 생활공간의 교류에서 만나는 오락은 내일의 생산을 위한 거름이고 영양분이었다. 또한 놀이는 한국사회에서 경제문화, 생활풍속의 다양성을 만드는 주요한 요소로 기능하였다. 그러므로 현대에 이르러 오랜 기간 전승되었던 놀이의 유실은 전통문화의 단절, 또는 상실로 이어진다. 최소한의 전통계승과 문화전승이 그래서 필요한 이유이다.

전통놀이, 전래놀이, 민속놀이, 전승놀이

———

전통놀이는 현재 교육현장이나 여러 책, 유튜브 콘텐츠, 방송 등에서 민속놀이, 전래놀이, 전승놀이, 세시놀이와 같이 다채로운 이름으로 불리고 있다. 현재까지는 아주 뚜렷한 개념정리와 놀이분류가 없는 편이다. 따라서 이 가운데 가장 널리 알려진 전통놀이, 전래놀이, 민속놀이 등 각각의 명칭에 대한 사전적 개념정리를 해두려고 한다. 이를 통해 전통방식의 우리 놀이에 대한 관심과 참여가 확장되었으면 하는 바람이다.

전통놀이, 전래놀이, 민속놀이, 전승놀이에 대한 개념			
전통놀이	전래놀이	민속놀이	전승놀이
역사적 계승성과 문헌적 근거가 있는 놀이	전승의 유래와 근거는 부족하지만 민간에 계속 전래되는 놀이	세시풍속, 시공간, 마을공동체와 결합된 사회경제적 형태의 놀이	사회적 전래와 생활적으로 꾸준하게 전승되는 놀이

우선 가장 많이 전파되고 회자되는 명칭은 전래놀이이다. 전래놀이는 글자 그대로 민간에 전래되어 행해지는 놀이이다. 비록 역사성이나 지역성이 모호하고, 자생적인지 외래적인지도 불명확하며, 전통적 계승성이나 다양한 계층의 보편성도 부족하지만, 민간에서 꾸준하게 이어지는 놀이라는 특성을 지닌다. 줄넘기, 딱지치기, 구슬놀이 등을 꼽을 수 있다. 마당에서 하는 오징어놀이, 닭싸움, 자치기 등도 전래놀이를 대표한다.

전래놀이 : 굴렁쇠굴리기

전래놀이 : 팽이치기

전래놀이 : 비석치기

　다음은 민속놀이이다. 민속놀이는 민간에 전해지는 세시놀이의 성
격이 강하다. 명절이나 세시풍속, 생활풍습이 어우러지고, 지역적 특성
을 반영한 축제나 공동체 또는 가정단위로 이어지는 풍속놀이 등을 지
칭한다. 민속유희, 민속오락, 민속경기, 민속예능, 향토오락놀이로도 부
른다. 그리고 전승과정이나 기록, 많은 이들의 높은 인지도, 그리고 역
사성이 명확한 부분이 많아서 전통민속놀이로 겸칭하여 부르기도 한
다. 민속놀이로는 강강술래, 씨름, 널뛰기, 쥐불놀이, 차전놀이, 석전 등
이 있다.

민속놀이 : 강강술래(진도군)

민속놀이 : 씨름(김홍도 풍속화)

민속놀이 : 석전(1902년, 평양)

전통놀이는 사회적 관습이나 시대적 배경, 조상으로부터 전해지는 성격이 강하고, 역사적 계승성이나 문헌적 근거를 찾을 수 있는 놀이를 말한다. 전통에 기원한 윷놀이, 고누 등도 있지만, 외래적인 놀이로서 오랜 기간 우리 역사, 문화, 삶에서 융화되어 전통놀이로 굳어진 바둑, 투호, 장기 등도 있다. 전통놀이는 바둑, 장기, 저포, 쌍륙, 승경도 등 지혜를 겨루는 판놀이가 많다는 게 특징이다. 역사성과 전통성이란 측면에서 가장 보편적으로 받아들여지고 있으며, 정부기관, 지자체 등에서 대체적으로 사용되고 있는 명칭이다.

전통놀이 : 저포

전통놀이 : 육박

전통놀이 : 승경도

전승놀이는 오랜 역사성 또는 꾸준한 시간적 연원을 지녔지만 삶의 영역에서 자주 접하였거나, 사회적으로 어린 시절부터 매우 익숙한 놀이를 말한다. 고려대 민족문화연구소에서 펴낸 《한국민속대관》 제4권의 [세시풍속.전승놀이] 항목에서 정의한 개념인데 널리 쓰여지거나 알려진 개념은 아니지만 사회적 전래와 생활적 요소가 많은 놀이를 지칭한다. 놀이항목에 보면 자치기, 연날리기, 비석치기, 팽이치기, 공기놀이, 숨바꼭질 등을 풀이하는 것으로 보아 전래놀이와 유사한 개념으로 볼 수 있다.

전통놀이의 덕목을 찾아서

전통적인 생활문화 분야에서 산업화와 도시화의 과정을 거치면서 가장 많은 부분에서 유실된 것이 전통놀이이다. 그래서 그런지 전통놀이에 대한 시민들의 시각은 과거의 놀이, 여전히 교과서에 등장하는 지난날의 문화유산, 한국사의 문화영역에서 만나는 종이 위의 문화유산으로 인식되고 있다.

하지만 전통놀이가 갖는 전통계승, 문화의 계승성, 공동체의 일원이라는 정체성이 잊혀지고 사라지고 있다는 점은 너무나 아쉬운 부분이다. 전통방식의 여러 놀이가 현대사회에서 효용성이 많이 부족하지만, 그래도 전통놀이에 담겨진 여러 긍정적인 측면을 잊지 않으려는 노력이 필요한 시점이다.

한국사 시대별로 만나는 전통놀이, ———

고조선부터 조선시대까지 역사속 전통놀이

이명자
qgod9988@hanmail.net
한국역사인문교육원 지도교수
미래학교 전통놀이 전임교수

인간의 활동에서 가장 중요한 요소는 (1)노동과 도구, (2)놀이와 예술, (3)수면이라 할 수 있다. 인간은 목적의식적으로 도구를 만들고, 생활을 영위하는 노동을 하였으며, 육체적인 피로를 씻고, 삶의 재충전과 정신적인 즐거움을 위해 놀이를 하였다. 이러한 노동활동과 놀이가 관념적 사유와 결합되어 창조적 예술이 만들어졌다.

전통놀이는 인류가 만든 가장 창의적인 예술이고, 역사공동체를 꾸린 민족구성원의 모든 이들이 만들고 전승한 소중한 문화유산이다. 따라서 전통놀이의 연원을 알고, 과거의 유산을 지속적으로 전승하는 일은 과거와 현재와 미래를 하나의 공간에서 실현하는 문화활동이라 규정할 수 있다.

한국사는 동중국, 만주, 시베리아, 한반도, 일본열도를 역사의 무대로 전개된 동아시아사이면서 북방민족사이며 우리 한겨레의 역사라는 다중적 의미를 지닌다. 또한 한국사의 공간은 전통적 경제유형인 유목,

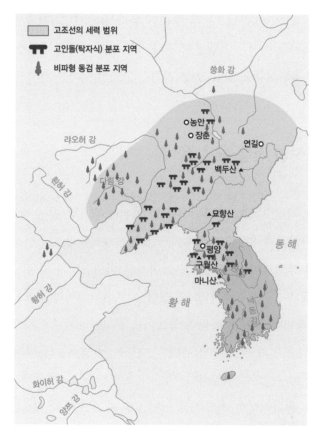

고조선의 역사영토 : 우리나라 전통놀이의 시간적 연원과 공간적 범위

수렵, 어로, 채집, 농경이 복합적으로 이루어지는 자연환경에 자리 잡고 있다.

아울러 같은 핏줄기를 공유하는 민족공동체의 국가와 집단이 고조선 이래 역사적 맥락이 이어지고 지속적, 계통적으로 연계되는 자랑스

러운 통사를 지닌다. 전통놀이도 이런 한국사의 전개과정에서 시대별로 뚜렷하게 전승되는 특징을 가진다. 역사적으로 전통놀이에 대한 문헌고증과 유물고증을 할 수 있는 시기는 고조선 시기부터이다.

고조선의 전통놀이, 육박

고조선 이래 시대별 전통놀이를 알기 위해 필요한 것은 전통놀이에 대한 문헌기록과 유물유적을 들 수 있다. 선사시대와 고조선시기는 문자기록이 부족하여 문헌고증이 어렵지만 바위그림과 청동기물(器物) 등을 통해 부분적으로 확인할 수 있다. 고조선시대의 전통놀이는 육박(六博)과 윷놀이가 있다. 육박과 윷놀이는 문헌자료와 유물자료가 현재도 전해지고 있다. 이중에서 육박은 고조선, 윷놀이는 부여의 대표적 전통놀이로 구분하여 설명한다.

육박은 동아시아의 전통적인 역학(易學)과 상수철학(象數哲學)이 놀이판에 구현되어 있다. 제정일치의 시대인 고조선에서 놀이판에 천문과 역학이 담겨있다는 것은 육박이 종교적 의례와 관련된 놀이라는 것을 알 수 있다. 그래서 육박의 놀이판은 동경(銅鏡)에 새겨져 전해진다. 현재 국립중앙박물관 낙랑실, 가야실, 고려실에 전시중이다. 정식명칭은 방격규구사신경(方格規矩四神鏡)이고 간칭으로 육박경(六博鏡), 박국경(博局鏡)이라고 부른다. 우리나라의 경우에는 고려시대에도 육박이 전해졌는데 이규보의 시에 육박을 하였다는 기록이 남아 있다.

육박놀이가 새겨진 육박경(공주 무령왕릉)

육박 유물(중국 호남 장사 마왕퇴유적)

육박놀이의 재현

부여의 놀이, 윷놀이

부여는 서기전 7세기 이전부터 서기 8세기경까지 1천여 년간 만주 대륙의 북부에서 요동 중부지역에 이르는 광대한 영토를 지배한 왕조였다. 부여의 전통놀이는 고조선을 계승하여 윷놀이가 가장 널리 알려져 있다. 윷놀이는 고조선, 부여시기 문헌자료가 전해지지 않지만 윷놀이판이 별자리를 표시한 바위에 새겨져 전해지고 있는 게 특징이다.

윷놀이는 바위그림에 많이 남아있다. 고조선의 대표적 문화지표인 고인돌의 덮개돌에는 여러 별자리가 새겨져 있는데, 부여와 삼국시대에 이르면 바위에 별자리와 더불어 많은 윷놀이판이 새겨져 있다. 조선시대의 문헌인 사희경(樗戱經)이나 사도설(樗圖說)에는 윷놀이가 북극성, 사신, 28수와 관련있는 천문도이고 제의적 놀이라고 설명한다.

다양한 무늬가 새겨진 윷놀이판(국립민속박물관)

전통적 별자리가 그려진 윷놀이판(한국역사인문교육원)

고구려의 씨름(각저총)

고구려의 놀이, 씨름

———

고구려의 놀이는 문헌과 함께 고분벽화 등에 기록과 모습이 많이 남아있다. 무용총이나 각저총, 장천1호분에서 5호분에는 씨름, 사냥, 수박희(택견), 마상격구, 격방(골프), 매사냥 등이 표현되어 있다. 그중에서도 최고는 말을 타고 하는 사냥으로 기마수렵(騎馬狩獵)이 있다. 평강공주와 혼인한 온달은 대표적인 기마수렵의 명수였다.

또한 각저총(씨름무덤), 무용총(춤무덤)에는 씨름하는 그림이 남아있다. 2018년에 세계무형유산으로 등재된 씨름은 고조선-부여-고구려로 이어지는 고구려의 대표적 민속놀이의 하나였다. 일본의 아스카에 위치한 고송총(高松塚)은 고구려의 영향권에 있는, 또는 고구려계 인물이 묻혀 있는데 고분벽화에는 격방이라고 부르는 골프 치는 모습이 남아있어 이것도 고구려의 놀이였음을 짐작케 한다.

백제의 놀이, 저포

———

백제의 대표적 전통놀이는 바둑과 저포가 있다. 《삼국사기》 등의 역사기록에 따르면 고구려의 승려 도림과 백제의 군주인 개로왕이 바둑으로 내기를 하였다는 내용이 전해지고, 일본의 동대사 뒤편에 위치한 황실의 보물창고인 정창원에는 백제가 선물한 자단목 바둑판과 상아로 만든 바둑알이 전해지고 있다.

고증복원한 저포놀이(한국역사인문교육원)

저포는 쌍륙, 투호, 농주와 함께 널리 백제에서 행해졌고, 김시습이 지은 《금오신화》의 한 작품인 만복사저포기에 따르면 고려 말 조선 초까지는 전승되었다는 것을 확인할 수 있는데 그 후로 전승의 맥이 끊어지고 도판이나 놀이판 등의 실물은 발견되지 않았다.

다행히도 저포의 놀이판, 놀이방법을 자세하게 알려주는 《오목경(五木經)》과 《저포경략(樗蒲經略)》이 전해져서 원형을 복원할 수 있었다. 미래학교와 한청단이 공동으로 운영하는 전통놀이 보급전승 단체인 한국전통놀이학교에서는 2019년에 저포의 원형을 복원하고 전통놀이 지도사범을 통해 놀이판과 놀이방법을 전승 중에 있다.

신라의 놀이, 축구의 기원 축국

신라의 놀이로 널리 알려진 것은 축구의 뿌리가 되는 축국(蹴鞠)과 비행기의 원리가 구현된 연날리기가 있다. 축국과 연날리기는 공교롭게도 모두 삼국통일의 주역인 김유신, 김춘추와 관련이 있다. 축국은 신라 화랑들의 군사훈련이자 사교놀이였다. 축국은 진흥왕 정통왕계인 김춘추와 가야계 정통혈맥인 김유신의 여동생인 문희의 인연을 만들고, 이로부터 문무대왕이 탄생하여 삼국통일을 완수하는 사화(史話)를 통해 널리 알려져 있다.

축국에 이어 연날리기는 진평왕 사후에 왕권을 놓고 일어난 비담의 난을 평정하는데 김유신이 연날리기를 활용하였다는 기록이 있다. 비

신라의 축국(사극 '대왕의 꿈')

담의 난을 진압하고 김유신과 김춘추가 신라 중앙정부의 핵심으로 등장하며 삼국통일의 주역이 된다는 점에서 연날리기의 역사성을 확인할 수 있다.

발해의 놀이, 남북국 모두의 참고누

발해는 고구려를 계승한 나라이다. 여러 문헌기록에 따르면 발해는 사냥, 활쏘기, 타구, 격구, 윷놀이. 답추(강강수월래) 등이 널리 행해졌다는 기록이 전해지는데, 남국인 신라와 문화적 동질성을 확인시켜 주는 것은 참고누이다. 발해와 신라는 같은 시기에 참고누를 두었던 고누문화권의 일원이었다.

오늘날 러시아의 연해주에 위치한 발해의 동경용원부 염주 크라스

발해 염주의 참고누판(러시아 연해주 크라스키노성에서) 출토

신라 송림사지(경북 칠곡)

참고누판(송림사지 5층전탑)

키노 유적에서 고누판이 발견되었는데, 신라의 경북 칠곡 송림사지 5
층전탑에서도 고누판이 나와 두 나라가 동일문화권임을 확인시켰다.
또한 고려시대와 조선시대의 건축마루, 주춧돌, 기와편에 참고누판이
새겨져 있어 남북국, 고려, 조선으로 이어지는 문화 계승성을 확인할
수 있다.

고려의 놀이, 마상격구

———

고려는 남국의 백제, 신라와 북국의 고구려와 발해를 계승한 나라이
다, 따라서 삼국시대와 남북국시대의 전통놀이는 대부분 계승하였다고
보는 것이 합리적이다. 참고누판의 예를 보아도 (1)고려 개경 만월대,
(2)제주 항파두리성, (3)황해도 봉천군 원산리 청자가마터에서 출토되
어 남북국 고누문화의 계승을 확인할 수 있다.

마상격구(사극 '무신')

투호 : 신윤복의 임하투호

고려에서 가장 격렬하게 유행하였던 놀이는 마상격구였다. 격구는 형태와 방식에 따라 마상격구, 보행격구로 나눈다. 무신정권시기에 마상격구는 군사훈련이고 신분상승의 출구였다. 《고려사》에 보면 태조 왕건시기부터 격구장에서 격구를 시범하였고, 궁궐 내에 격구장을 설치하기도 하였다.

조선의 놀이, 전통골프 격방

조선 초기는 고려의 유습이 전해지고 있었고, 태조 이성계, 정종 이방과, 태종 이방원 등은 모두 무사적 기질이 풍부하였다. 이때 유행한 것이 전통골프라고 불리는 격방(擊棒)이다. 기록에 따르면 조선 초기에

쌍륙 : 신윤복의 쌍륙삼매

는 경복궁 경회루, 사정전 등지에서 격방이 행해지고, 종로시전의 입구인 혜정교에서도 아동들이 격방을 하였다고 하니 그 유행의 범위를 유추할 수 있다.

그렇지만 조선은 사대부의 나라였다. 그러다보니 무예를 익히는 형태의 격렬한 전통놀이는 폄하하고 금지하여 점차 사라지고, 조선 후기에는 실내에서 행해지는 의례적 놀이인 투호와 함께 판, 윷, 말을 가지고 노는 승경도, 바둑, 장기, 쌍륙 등 판놀이가 주로 유행하였다. 신윤복이 그린 풍속화에 등장하는 쌍륙과 투호도를 통해 조선시대 전통놀이의 일면을 확인할 수 있다.

판놀이,
신나는 놀이판을 펼쳐라! ━━━
전통보드게임의 세계로 여행을 가다!

박연하
keumks@naver.com
한국역사인문교육원 전임강사
전통놀이 지도사범

사극에서 자주 놀이판을 벌이는 모습을 본다. 대부분이 도박장의 풍경이다. 종목은 단연 투전(鬪牋)이 으뜸이다. 가끔은 골패(骨牌)도 등장한다. 더운 여름날 농한기에 나무그늘 아래서 노인들이 내기하는 종목은 장기(將棋)이다. 바둑(圍碁：위기)은 사대부들이 주로 손님을 맞이하면서 두는 게 정석처럼 보인다. 여기에서 투전, 골패, 장기, 바둑이 바로 전통놀이 가운데 탁자나 바닥에 판을 깔고 두는 판놀이이다. 굳이 영어를 섞어 말하자면 전통보드게임이다.

판놀이는 지혜를 겨루는 전통놀이

━━━

전통놀이는 노는 주체에 따라 어른놀이와 아동놀이, 계절에 따라 봄놀이, 여름놀이, 가을놀이, 겨울놀이로 분류한다. 성별에 따라 남자놀이, 여자놀이, 혼용놀이로 나눌 수도 있다. 공간에 따라 실내놀이, 실외놀이, 복합놀이로 구분하기도 한다. 이중에서 판놀이는 분류의 모든 것을 포함하는 전통놀이로 볼 수 있다.

전통 판놀이 투전(기산풍속도)

전통 판놀이 승경도(기산풍속도)

판놀이는 주로 실내의 탁자나 방바닥에서 하는 전통놀이이다. 또는 실내를 벗어나 한여름 무더위에는 서당이나 향교, 사랑방의 너른 마루 바닥이나 동네 어귀의 느티나무 그늘 아래에서 놀기도 한다. 장소와 시간의 구애를 받지 않고 놀 수 있다는 특징이 있다. 아울러 판놀이는 지혜를 겨루는 놀이이고, 글을 배운 사대부들이나 시간적 여유가 많은 사람들이 즐기다보니 문헌의 기록이 대부분 뚜렷하게 전해진다. 조선 후기의 여러 풍속화에 가장 많이 등장하는 전통놀이도 판놀이 종류이다.

판놀이의 종류 - 고누형, 칠교도형, 윷놀이형

단원 풍속도와 기산 풍속도에서 가장 많이 등장하는 전통놀이가 판놀이다. 판놀이는 그만큼 역사성과 전승성이 확실하다. 대표적인 판놀이는 바둑, 장기, 마작(麻雀), 골패, 승경도, 승람도, 윷놀이, 육박, 저포, 쌍륙, 칠교도 등이 있다. 이들 판놀이는 놀이판, 놀이말, 놀이윷의 유무, 놀이방법 등에 따라 고누형, 칠교도형, 윷놀이형으로 나눌 수 있다.

판놀이는 대체적으로 놀이판, 놀이말, 놀이윷으로 구성되는데 고누형 판놀이는 이중에서 놀이윷이 없어도 할 수 있다는 특징이 있다. 고누형은 놀이판과 놀이말로 이루어진다. 바둑과 장기와 고누놀이가 고누형에 속한다. 수많은 형태와 종류의 고누놀이가 모두 놀이판과 놀이말로 이루어진다. 바둑의 경우를 보더라도 바둑판과 바둑알로 구성되

고누형 판놀이 : 윷놀이판(단국대 석주선기념 민속박물관)

윷놀이형 판놀이 : 승람도(한국역사인문교육원)

며, 장기도 장기판과 장기말로 이루어진다. 고누형에 속하는 서양의 보드게임이 바로 체스이다.

다음으로 윷놀이형 판놀이가 있는데 저포, 쌍륙, 육박, 승경도, 승람도, 구구소한도, 성불도가 이에 속한다. 놀이판이 있고 놀이말이 있으

칠교도형 판놀이 : 칠교도

며, 놀이말을 움직이는 것은 놀이윷이다. 놀이윷은 전통적 윷가락, 주사위, 윤목(輪木), 주령구 등이 있다. 인도의 쪼서르, 파치시와 타불팔라, 중남미 인디안들이 즐겨 놀았던 꾸일리치, 파톨리 등이 윷놀이형에 속한다.

판놀이의 다른 유형으로 놀이판과 놀이윷이 없이 오로지 놀이말로 노는 칠교도형이 있다. 칠교도는 일곱 개의 조각으로 탁자, 불탑, 성문, 꽃, 배와 같은 여러 기물을 구성하는 대표적인 짝 맞추기 판놀이이다. 짝을 맞추는 칠교도형의 판놀이로는 마작, 골패, 투전, 칠교도가 있다. 서양의 포커와 일본의 화투(花鬪)가 칠교도형 판놀이이다.

판놀이도 시대에 맞추어 법고창신

판놀이는 가장 오래된 기록을 자랑하는 전통놀이이다. 그리고 대부분이 탁자와 바닥에 놀이판을 두고 하는 무척이나 정적인 놀이이다. 신체를 움직이는 놀이가 아닌 손과 머리를 쓰는 놀이라는 특성이 있다. 역사성이 뚜렷하다 보니 전통문화의 계승과 교육적 관점에서 주로 언급된다. 그만큼 판놀이는 아주 익숙한 놀이이다. 그런데 막상 놀이를 하려고 보면 장기와 바둑을 제하고는 시중에서 거의 구할 수도 없고 놀이방법도 널리 알려져 있지 않다.

다행스럽게 요즘은 전통놀이에 대한 관심도 많아지고, 학교에서도 교육적 효과를 고려하여 전통놀이를 보급하는데 매우 애쓰고 있다. 한국역사인문교육원(미래학교)과 한국청소년역사문화홍보단(한청단)에서는 전통놀이 보급과 전승활동을 위해 공동으로 한국전통놀이학교를 세우고, 이곳에서 기존의 전통놀이 가운데 전승이 단절된 판놀이를 발굴하고, 놀이도구와 놀이방법을 복원중이며, 지역축제와 시장축제 등에 놀이강사 파견 등의 공익활동을 진행하고 있다.

이와 함께 전통놀이를 소개하는 유튜브 전용채널인 전통놀이TV를 개국하고, 전통놀이 지도사범을 양성하며, 정적인 놀이를 동적인 놀이로 전환하여 탁자에 맞춘 놀이판을 대형 크기로 키워 마당에서 여러 명이 편을 나누어 할 수 있도록 법고창신 하였다. 2024년도에는 세계적으로 인기를 끌었던 오징어게임의 제2편이 방영된다. 한국의 여러 놀이 가운데 판놀이도 세계적인 관심과 인기를 끌었으면 한다.

새로운 형태로 법고창신한 성불도놀이

네이버밴드 : 한국전통놀이학교

유튜브채널 : 전통놀이TV

세시풍속,
그 속에 숨 쉬는 전통놀이 스토리텔링

오정윤
aguta@naver.com
한국역사인문교육원 대표
(사)대한투호협회 대표이사

세시풍속(歲時風俗)은 각각의 뜻이 다른 4개의 글자가 모여 만든 개념
이다. 일반적으로 세시풍속은 태양, 달, 별과 관련된 문화이다. 세시풍
속이 필요한 것은 계절의 변화를 통해 농사, 어로, 수렵, 채집, 목축 등
의 생산활동을 인식하기 위함이다.

세시풍속의 기원

군주는 하늘의 모습을 관찰하고 계절의 변화를 계산하여 백성에게
시간을 만드는 이른바 관상수시(觀象授時)를 통해 통치권을 세우고, 민
인(民人)은 세시(歲時)에 맞추어 생산활동을 한다. 이것이 사회화과정
을 거치면서 노동, 축제, 놀이, 의례와 결합하여 세시풍속이 형성된 것
이다.

중앙집권이 강화되는 조선시대에 이르면 풍속은 1월부터 12월까지 정교하게 설계되고 국가적 관리와 윤리적 통제를 받는다. 사대부들은 중앙정부의 풍속을 따르고, 이를 다시 향토의 백성들을 교화하는 수단으로 활용한다. 이로써 풍속은 통치규범과 도덕윤리의 대상이 된다. 풍속지는 그러한 것을 책에 담은 것이다. 조선시대의 대표적 세시기는 홍석모(洪錫謨)의 《동국세시기(東國歲時記)》, 유득공의 《경도잡지(京都雜誌)》, 김매순(金邁淳)의 《열양세시기(列陽歲時記)》가 있다.

세시풍속(歲時風俗)의 어원							
세시(歲時)				풍속(風俗)			
세(歲)	하늘 시간	시(時)	땅의 시간	풍(風)	하늘 변화	속(俗)	땅의 변화
12년을 일주하는 목성의 이름		계절의 변화를 4개로 만든것		하늘에서 전하는 기운이나 흐름		계곡에 모여사는 사람들의 모습들	

풍속지(風俗志)와 세시풍속

《경도잡지(京都雜誌)》는 우리나라 세시풍속지의 첫장을 기록한다. 조선 후기 정조시기에 규장각 검서관을 지낸 유득공(1748-1807)이 지은 대표적인 서울 한양의 풍속기록이다. 저술시기는 정조년간(1776-1800)

으로 2권 1책인데, 1권의 풍속에는 건복(巾服), 주식(酒食), 다연(茶煙)과 같은 일상용품을, 2권에는 1월부터 12월까지의 세시풍속을 전하고 있다.

《열양세시기(洌陽歲時記)》는 정조시기부터 헌종시기까지 살았던 김매순(1776-1840)이 지은 세시풍속지이다. 19세기 초반의 조선 한양의 풍속을 제대로 엿볼 수 있는 저술이다. 저술시기는 1819년이고 세시풍속 80여 종을 월별로 정리하여 소개한다. 육당 최남선이 운영한 조선광문회에서 동국세시기, 경도잡지와 함께 영인본이 출간되어 쉽게 만날 수 있다.

《동국세시기(東國歲時記)》는 1849년에 홍석모(1781-1857)가 지은 세시풍속지이다. 책의 제목이 동국(東國)으로, 이는 대표적 자의식으로 중

유득공의 경도잡지   김매순의 열양세시기

홍석모의 동국세시기

국과 대비되는 자부심의 표현이다. 그만큼 조선 풍속에 대해 체계적이고 자세하게 쓰고 있다. 근대로 넘어가는 바로 직전의 봉건적 유습을 전하고 있어 근현대를 사는 오늘의 우리 한국인들과 비교할 수 있는 기념비적 저술로 평가한다.

태양력에 의한 풍속

우리나라 풍속지인 《경도잡지》, 《열양세시기》, 《동국세시기》와 중국의 북주(北周) 시기에 종늠(宗懍)이 지은 《형초세시기(荊楚歲時記)》를 기반으로 우리나라 세시풍속을 태양이 만든 세시풍속, 달이 만든 세시풍속, 별이 만든 세시풍속으로 나눌 수 있다.

구분	동국세시기(東國歲時記)	경도잡지(京都雜誌)	열양세시기(列陽歲時記)
	정월-12월	정월-12월	풍속편/세시편 (정월-12월)
1월	원일/입춘/인일/상해, 상자일/묘일, 사일/상원/월내	원일/해자사일 입춘/상원	원일/입춘/인일/상해, 상자일/묘일, 사일/상원/월내
2월	삭일/월내	2월초하루	삭일/육일
3월	삼일/청명/한식/월내	한식/중삼	한식/삼일/곡우
4월	팔일/월내	사월팔일	팔일
5월	단오/월내	단오/유월십오일	단오/십일
6월	유두/삼복/월내		십오일/복일
7월	칠석/중원/월내	복/중원/중추	중원
8월	추석/중원/월내		중추
9월	구일	중구	중양절
10월	오일/월내	시월오(午)일	이십일
11월	동지/월내	동지/납평	동지
12월	납일/제석/월내/윤월	제석	납/제석

　　우선 태양력에 의해 형성된 세시풍속으로는 양수(陽數)가 겹치는 원단(1월 1일), 삼짇날(3월 3일), 단오(5월 5일), 칠석(7월 7일), 중양절(9월 9일)이 있다. 이중에서 동지(冬至)는 원단(元旦)과 같은 기원을 갖는 세시풍속으로 본다. 원단(元旦)은 태양이 가장 낮은 곳에 위치한 때(동지:冬

원단 : 설빔(우정국)　　　　　　원단 : 세배(우정국)

삼짇날 : 매사냥(우정국)

至)로 이때부터 태양은 서서히 상승하는 시점이다. 따라서 이때는 만물의 시작이란 의미에서 세시풍속의 으뜸을 차지한다. 주요한 풍속은 세장(歲粧;설빔), 세찬(歲饌), 세주(歲酒), 세배(歲拜), 병탕(餠湯;떡국), 증병(甑餠;시루떡), 세화(歲畵;年畵,년화), 세전(歲錢), 화반(花盤;굿놀이). 덕담(德談), 청참(聽讖,점), 제야(除夜) 등이 있다.

삼짇날은 제비(燕=鳦=宴=鶪)가 돌아오는 날이다. 이제 만물이 생(生)하는 계절이므로 들판에서 만물을 소생(蘇生)시키는 의식을 치른다. 이것이 삼짇날의 기원이며, 고구려에서는 이 날에 낙랑원(樂浪原)에서 사냥을 하고 국가안녕과 오곡풍등을 기원하며 아울러 조의선인들을 발탁하는 무과(武科)를 실시하였다.

단오(端午)는 태양이 중정(中正)에 위치한 천중절(天中節)로서 양기(陽氣)가 가장 왕성한 날이다. 이 날은 사기(邪氣)를 누르고 음허(陰虛)를 제거하고, 신양(腎陽)을 북돋아 생명의 기운을 키우는 날이다.

天中節 赤靈符 呪文

五月五日 天中之節 上得天祿 下得地福
오월오일 천중지절 상득천록 하득지복

蚩尤之神 銅頭鐵額 赤口赤舌 四百四病 一時消滅 急急如律令
치우지신 동두철액 적구적설 사백사병 일시소멸 급급여율령

5월 5일 천중절에 하늘과 땅에서 복록을 얻고
구리머리 쇠이마에 붉은 입과 붉은 혀를 지닌 치우신의 공력으로
모든 병이 일시에 소멸되리라. 이 적령부의 효력을 빨리 빨리 준엄한 법대로 하라!

이 날의 풍속으로는 주사부적(적령부), 창포탕, 옥추단(오색실=장명루), 호로병(葫蘆瓶), 천추(千秋:그네뛰기), 각저(角觝:씨름), 답거(踏車:수레타기), 석전(石戰), 애병(艾餅:쑥떡) 등이 있다.

칠석(七夕)은 인류탄생의 날이다. 견우와 직녀가 만나는 설화는 창

단오 : 치우(중국 산동성 무씨화상석)

단오 : 적령부

단오 : 그네뛰기(신윤복 단오풍정)

조의 과정을 신화의 형태로 꾸민 것이다. 7은 북극수정자(北極水精子)의 상수(象數)이며 북두칠성과 남두육성(칠성)의 상징으로 음과 양이 만나(運三四) 씨앗을 잉태하는 날이다. 그래서 고구려의 신전은 모두 7수

로 이루어지고, 고분벽화의 천정에 칠성이 그
려진다. 고대 민속에서는 청춘 남녀가 합법적
으로 만나 사랑을 만드는 날이다. 걸교절(乞巧
節)이라고도 한다.

중양절(9월 9일)은 만물이 성숙하는 마지막
단계를 상징하는 날이다. 씨앗이 익고 잎이 떨
어지는 전환의 시기이다. 이로써 한 해의 생
산이 마무리되며, 추수를 준비한다. 이날 풍
속의 대표적인 것은 등고(登高)이다. 이 풍속
은 하늘에 고하는 제례이다. 훗날에 변하여
조선시대에는 청풍계, 후조당, 남한산, 북한

중양절 : 등고그림
(부유 : 1896-1963)

산, 도봉산, 수락산 단풍놀이(丹楓)가 되었다. 또한 중양절의 화전은 국
화(菊花)인데 동경몽화록(東京夢華錄)의 기록에 의하면 이는 화하족(華夏
族)의 민속일 가능성이 높다.

칠석 : 견우직녀축제(대전광역시)

태음력에 의한 풍속

현재 달의 운행주기에 의해 형성된 세시풍속으로는 정월 대보름, 유두, 백중절, 추석을 들 수 있다. 주로 발해연안을 중심으로 달의 주기(週期)가 중요시 되는 지역에서 발생하였다.

상원(上元)은 정월대보름으로 첫 해의 망월(望月)로 태음절의 최고 명절이 된다. 주요 풍속은 화적(禾積:풀깃대), 신라의 약반(藥飯:까마귀밥), 추령(芻靈:처용 액막이), 3색 호로병, 부럼, 명이주(귀밝이술), 5곡밥과 5채 나물, 복쌈(배춧잎과 김), 연날리기, 답교(다리밟기), 수야(守夜:방야, 放夜) 등이 있다.

유두(流頭)는 6월 15일의 풍속으로 기원은 불확실하며, 주요 풍속으로는 계음(褉飮:동류수에 머리감기), 맵쌀떡, 수단(水團:냉떡), 궁사분단(窮射粉團), 상화병(霜花餠:콩깨꿀+밀가루떡) 등이 있다. 중원(中元)은 7월 15일로 백중절이라고 하는데, 불교의 우란분절, 우리의 망혼일(亡魂日), 천신일과 같은 기원이다. 이와 함께 사대부가의 삭망례(朔望禮)라는 풍속

유두 : 머리감기(외곡 김영태)　　　　추석 : 기지시줄다리기(충남 당진시)

이 있다.

　추석(秋夕)은 8월 15일로 한가위, 가배, 중추절이라고 한다. 신라의
풍속으로 전형적인 태음절이다. 회소곡(會蘇曲)이 불려지고, 포계(捕鷄:
닭잡이), 줄다리기, 송편, 인절미(麻餠, 마병), 율단자(栗團子, 찹쌀떡) 등의
풍속이 있다.

광통교 다리밟기(서울 종로구)

성력(星曆)과 여러 근원에서 형성된 풍속

별의 움직임으로 이루어진 성력(星曆)에 의거하여 탄생한 세시풍속은 12지(支)가 있다. 12년을 1주기로 하는 목성(木星)의 운행주기에 맞추어 만들어진 12주년법에 따라 열두 띠 동물로 탄생년을 기념하는 방식이 있고, 축문의 세차(歲次), 묘역을 수호하는 묘수(墓獸) 등도 있다. 이외에도 묘성(昴星)을 생산의 상징으로 여겨 제례를 지내고, 대화성(大火星)의 기운을 상징하는 치우기(蚩尤旗)를 군진(軍陣)의 둑기(纛旗)로 사용한 용례가 남아있다.

북두칠성과 관련된 성력의 풍속으로는 칠성판(七星板)이 있다. 조상들은 우리의 영혼이 남두육성이라는 별의 수레를 타고 세상에 태어나고, 죽었을 때는 북두칠성이라는 수레를 타고 북극하늘로 올라간다고 믿었다. 그래서 사람이 죽으면 시신을 일곱 개의 별이 그려진 나무판 위에 모시고 상례(喪禮)를 치룬다.

축문의 유세차 : 유(새를 상징)

삼복 : 개장국

농경종족의 태양절에서 비롯된 24절기(동지, 입춘, 청명, 한식, 곡우)는 태양태음력과 맞물려 목성의 12주년법에 맞추어 1년을 24절기로 나누고, 1개월에 2절기씩 배치하여 오랫동안 동아시아 세시풍속에 영향을 끼쳤다.

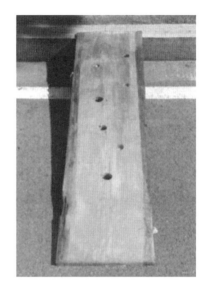

성력풍습 : 칠성판

불교의 명절과 결합한 세시풍속으로는 초파일(4월 8일)이 있다. 이것은 북부여-고구려-고려의 팔관회와 결합한 풍속으로 태양의 아들인 해모수의 탄생과 관련을 맺고 있다는 설화가 전해지고 있으며, 부여를 계승한 고구려 조의선인들의 해모수 숭배의식이 고려시대까지 이어져온 대표적인 선교(仙敎)의 기념절이라 추정한다.

삼복(三伏)은 북적(北狄)의 풍속으로 하지(夏至)가 지난 후 3번째 경일(庚日)이 초복, 4번째 경일은 중복, 입추가 지난 뒤 첫 번째 경일은 말복이다. 이는 성문이나 불가마의 4방에 걸어 잡귀나 약탈자를 막던 풍습(貊,맥)에서 유래한 것으로 개를 양(陽)으로 보고 경일에 금(金)기운이 숨어 있으므로, 서늘한 기운인 금기운을 끌어내기 위해 토생금(土生金)의 원리에 의해 개를 먹는 풍습이다.

세시풍속은 전통놀이, 음식, 마을, 지리적 풍토 등과 만나 지역별, 시간별, 주제별로 다양한 전통문화를 형성하였다. 이중에서도 월별의 계절에 따른 놀이문화, 명절에만 이어지는 독특한 문화유형을 만들어냈다, 한국문화의 다양성과 지속성은 세시풍속의 영향이라 보아도 크게 문제되지 않는다. 다만 근대화 이래 연극, 영화, 서적, 게임 등 다양한 놀이문화와 여가문화 등의 등장으로 세시풍속의 영향력이 줄어드는 게 안타깝지만, 그래도 한민족과 한국이라는 공동체가 존재하는 한 사라지지 않고 여전히 우리의 삶에서 면면히 흐를 것으로 믿는다.

전통놀이와 교육콘텐츠, ━━━
놀이와 배움이 만나다

홍수례
surhong@hanmail.net
열린미래학교 대표
미래학교 전통놀이 지도사범

전통놀이는 학교현장에서 더욱 인기가 높다. 그것은 전통놀이가 역사와 문화의 영역에 속하기 때문이다. 전통놀이 가운데 판놀이는 더욱 교육적 효과가 뛰어나다. 저포의 경우는 조선시대 고전문학과 연결하여 김시습과 우리나라 최초의 한문단편소설 모음집인《금오신화》, 그리고《금오신화》가운데 만복사저포기와 바로 연결된다. 전통놀이도 배우고, 국문학에 흥미도 느끼는 일석이조의 효과를 얻는다.

전통놀이는 놀이의 영역과 교육의 분야가 서로 유익하게 만

대왕의 꿈(2012년) : 김유신과 김춘추의
삼한일통을 다룬 KBS 대하사극

나는 교육콘텐츠의 하나이다. 전통놀이를 통해 놀이 각각에 구현되는 전통과학의 원리를 만나고 경험하는 효과를 얻는다. 고구려 고분벽화, 조선시대의 풍속화에서는 살아 숨 쉬는 전통놀이 도구와 놀이모습을 본다. 한국사를 빛낸 역사인물 가운데 김유신과 김춘추는 축국, 연날리기와 인연이 닿는다. 전통놀이는 이처럼 과학, 그림, 역사인물 등 여러 교육콘텐츠와 만난다.

과학의 원리를 체험하다

———

세상의 모든 기물(器物)은 대체적으로 인간 삶의 편의에 의해 만들어진다. 그렇다고 그런 기물들에서 모두 과학의 원리가 구현되는 것은 아니다. 그런데 전통놀이는 많은 것들이 전통과학의 원리를 담고 있다. 예를 들면 윷놀이와 확률, 팽이치기와 관성, 연날리기와 양력(揚力) 등이다.

윷놀이는 확률(確率) 겨루기이다. 윷놀이는 5개의 윷가락을 던져 나오는 윷사위로 말을 움직여 승부를 겨루는 판놀이인데, 윷사위가 나올 경우의 수는 도, 개, 걸, 윷, 모 등 다섯이다. 이것을 확률로 계산하면 도는 25%, 개는 37.5%, 걸은 25%, 윷과 모는 6.25%이다. 윷사위 개는 내가 죽거나 상대를 잡을 수 있는 확률이 가장 높다. 저포, 쌍륙과 같이 윷을 던져 승부를 겨루는 판놀이는 확률을 제대로 활용하면 이길 가능성이 그만큼 커진다.

과학원리 : 윷놀이

팽이는 팽이채로 팽이의 몸통을 쳐서 돌리는 놀이이다. 팽이채로 힘을 가할수록 팽이는 계속 돌고자 하는 성질이 생기는데 이를 관성이라고 한다. 팽이는 위쪽이 크고 무거워서 회전력이 약해지면 관성도 약해지면서 곧바로 넘어진다. 팽이의 회전력이 커지면 밖으로 나가려는 원심력과 안으로 들어오려는 구심력이 같아지면서 동이 선다. 이때 팽이는 넘어지지 않고 계속 돈다. 팽이를 통해 물리적 힘인 원심력, 구심력, 회전력, 관성을 모두 배우고 체험할 수 있다.

연날리기는 연과 연줄과 바람이 만드는 물리적 힘이 있다. 이를 뜨려는 성질, 곧 양력(揚力)이라고 하는데, 바람이 불면 연은 뒤로 밀리고, 연줄은 지탱하려는 항력(抗力)이 생긴다. 그러면 바람에 의해 연이 위로 오르려는 성질을 갖는데 이를 양력이라고 한다. 비행기의 비행원리도 연처럼 양력으로 오르는 것이다. 이처럼 전통놀이를 통해 물리과학의 힘, 수학의 확률 등을 체득할 수 있다.

과학원리 : 팽이치기

과학원리 : 연날리기

그림에 담긴 전통놀이

전통놀이는 생활문화에서 매우 중요한 자리를 차지하고 있다. 당연히 문헌기록이 풍부하다. 그렇지만 고대사회에서 문헌기록은 대부분 문자에 그쳐서 실제적인 전통놀이의 모습을 유추하는 것이 쉽지 않다. 그렇지만 그것이 그림으로 남겨지면 얘기는 달라진다. 그림이 주는 시각적 효과와 함께 놀이종목의 구체성을 고증할 수 있기 때문이다.

가장 먼저 만나는 그림은 고분벽화이다. 고구려 고분벽화 가운데 무용총의 수렵도(사냥그림)와 각저총의 씨름그림은 대표적인 전통놀이의 기록화이다. 장천고분군 백희도(百戲圖)는 수많은 놀이문화를 확인할

무용총 사냥그림(고구려 집안)

수 있다. 고구려문화의 영향으로 만들어진 일본 아스카의 고송총(다카마쓰무덤)에서는 현대의 골프와 비슷한 격방(擊棒)이 그려져 있다.

　전통놀이는 조선시대 풍속화에 풍부하게 전해진다. 조선 후기의 풍속화가인 김홍도(1745-1806)의 그림 가운데는 단오절로 추정하는 계절에 씨름하는 풍경을 그린 씨름도와 땔감나무를 작업하다 잠시 쉬면서 콩윷(밤윷)을 노는 윷놀이그림을 확인할 수 있다. 비슷한 시기에 활동한 신윤복(1758-?)도 인왕산 자락에서 쌍륙하는 모습을 그린 〈쌍륙삼매도〉와 나무 밑에서 투호를 즐기는 〈임하투호도〉를 남겼다.

각저총 씨름그림(고구려 집안)

고송총 격방(일본 아스카)

　19세기 후반, 1880년대에 왕성하게 활동하였던 김준근은 〈기산풍속도〉에서 나들이, 천렵, 상여, 성묘 등 많은 민속풍경과 함께 그네뛰기, 쌍륙, 석전, 씨름 등의 다채로운 전통놀이 그림을 남겼다. 그의 그림은 독일, 프랑스, 영국, 미국, 일본 등 20여 곳 박물관에 1,500여 점이 전해지고 있다. 그중에서 장기, 바둑, 투전, 쌍륙, 승경도, 골패, 윷놀이 등 판놀이 그림은 복원과 고증에 매우 중요한 자료이다.

김홍도 : 윷놀이

신윤복 : 임하투호

김준근 : 승경도

역사인물을 만나다

―――

역사의 중요한 순간에 전통놀이는 매우 흥미로운 사건들과 연결된다. 중국의 당나라 요임금은 어리석은 아들 단주를 일깨우기 위해 바둑을 창안하였다고 전하며, 장기는 진(秦)나라 이후에 천하의 패권을 다투었던 초패왕 항우와 한고조 유방의 고사를 바탕으로 만들어졌다. 이처럼 전통놀이는 역사인물들과 만나 놀이 그 자체를 넘어 정치적 사건으로 이어지고, 문학적 서사로 발전하였다.

한국사에서 전통놀이와 만나는 역사인물을 꼽는다면 백제 개로왕(455-475)과 고구려 승려 도림이다. 한 국가의 운명을 좌우한 전통놀이는 바둑이다. 5세기에 고구려는 한강 진출과 서해바다의 제해권을 장악하기 위해 바둑에 뛰어난 승려 도림을 백제로 보냈다. 바둑을 좋아했

백제 바둑판(일본 나라 동대사 정창원)

던 백제 개로왕은 도림과의 바둑내기에서 패하면서 국고를 탕진하였다. 고구려의 장수왕은 이 틈을 노려 백제를 공략하는데 성공하고 한강을 차지하였다. 5세기 고구려는 바둑을 통해 강국으로 군림하였다. 전통놀이와 역사인물에 관한 놀라운 이야기 보따리가 아닐 수 없다.

전통놀이와 관련하여 가장 많은 이야기의 주인공은 단연 김유신(595-673)이다. 그는 군사력을 보유한 금관가야의 왕족 출신으로 중앙정계에 진출하려는 야망을 가졌고, 축국을 통해 누이와 진골귀족인 김춘추를 혼인동맹으로 엮었다. 신라의 삼한일통은 축국이라는 전통놀이가 만들어준 극적인 기회였다. 또한 김유신은 김춘추의 권력에 도전한 비담의 난이 일어났을 때 연을 활용하였다. 유성이 군중으로 떨어져 패배의 공포가 휘몰아치자, 연꼬리에 불을 붙여 하늘에 띄웠다. 떨어진 별이 다시 하늘로 솟아 오르고 사기가 오른 김유신 군대가 승리하였다.

축국 : 사극 '대왕의 꿈'

승경도 기록 : 난중일기(문화재청)

전통놀이가 역사의 미래를 바꾼 사건이고, 교육적 소재로도 아주 훌륭한 사례이다.

이순신(1545-1598) 장군과 승경도(陞卿圖)도 빠질 수 없는 역사적 사례이다. 《난중일기》에 보면 이순신 장군은 진중에서 부하들과 자주 승경도를 하였다고 기록한다. 전투를 앞둔 군대가 한가롭게 놀이에 빠졌다고 오해할 수 있는데, 사실은 승경도놀이를 통한 동기부여가 주요한 목적이었을 것이다. 전투에 공을 세우면 승급할 수 있다는 사기진작과 기회쟁취가 주는 효과도 기대했을 것이다. 이순신 장군이 해전에서 이룬 23전 불패신화의 배경에 승경도가 있음을 확인한다. 승경도놀이를 할 때 이순신 장군이 생각난다면 교육적 효과는 두 배, 세 배를 넘을 것이다.

교육콘텐츠의 가능성을 찾다!

전통놀이는 교육현장에서 다양한 모습으로 적용된다. 교과서에서 그림과 문자로만 배우던 전통놀이를 현장에서 직접 놀이로 체험하는 학습은 경이로운 체험이 된다. 초중고 학교의 현장에서 역사와 전통문화를 배울 때 전통놀이를 더하면 배움에 대한 즐거움과 학습효능이 훨씬 나아질 것이다.

초중생 방과후학교와 국가돌봄사업인 늘봄학교의 교육프로그램은 전통놀이와 잘 맞는다. 교과서 밖의 예체능에 속한 전통놀이는 공부의 연장이 아니다. 교과서의 보조기능을 하면서도 독자적인 교과항목으로 설정하여 청소년들의 신체건강을 도와주고, 놀이를 통한 소통과 규칙을 스스로 익히는 힘을 길러준다. 이것만으로도 전통놀이가 갖는 덕목은 충분할 것이다.

전통놀이와 문화콘텐츠,
놀이에 문화가 깃들다

오미숙
oms9767@hanmail.net
미래학교 늘봄강사 행정실장
미래학교 전통놀이 지도사범

전통놀이는 무한한 가능성과 확장성을 지닌 문화콘텐츠의 하나이다. 사극의 공간에서 만나는 전통놀이는 사극에 재미를 더하고, 내용의 다양성에 힘을 보태주는 요소이다. 전통놀이 가운데 육박, 윷놀이, 구구소한도 등은 동아시아 전통문화원리가 담겨 있어, 놀이를 하는 가운데 동양철학의 상수원리, 음양오행, 주역팔괘 등을 자연스럽게 배우고 이해하게 된다. 놀이가 역사와 만나고, 동양철학과 만나고, 전통문화와 만나는 셈이다.

전통놀이 가운데 투호, 격방, 승경도 등은 궁궐이나 관청에서 유행한 놀이이다. 따라서 현장답사나 문화유산탐방을 하는 가운데 전통놀이가 행해진 역사장소와 만나고, 어느 곳에서는 윷놀이판이나 참고누판이 새겨진 역사유물을 보는 행운을 얻기도 한다. 저포놀이의 고향이라고 부르는 남원 만복사지를 답사하면 전통놀이가 이 순간에는 문화콘텐츠가 되는 것이다.

저포 : 남원 만복사지

사극에 재미를 더하다

———

전통 사극에서 장면마다 전통놀이가 등장하면 드라마의 재미가 한층 높아진다. 예전에는 사극에서 전통놀이가 등장하는 경우가 거의 없었다. 바둑과 장기가 대체적으로 고정출연이었다. 아마 다른 전통놀이는 고증과 복원이 어려웠기 때문일 것이다. 사극에서 삶의 여러 모습이 등장하지 않으면 건축물과 역사인물의 독무대가 된다. 재미가 없다. 전개가 매우 건조하다. 그래서 이제 사극에서도 쌍륙, 승경도, 승람도, 투전, 골패와 같은 전통놀이가 자주 나오길 기대한다. 그래야 사극에 생기가 돌고 사람냄새가 가득 넘친다.

장기 : 장기왕

　근래에 사극에서 여러 전통놀이가 등장하고 있다. 아주 바람직한 현
상이다. 종목별로 본다면 바둑과 장기, 투호, 그네뛰기가 가장 많이 등
장하지만, 심심찮게 판놀이의 종류인 투전, 골패, 승경도가 나오고, 짝
맞추기 놀이인 칠교도도 출연하였다. 지금까지 사극과 영화 등에 등장
한 전통놀이를 꼽는다면 씨름, 오목, 장기. 바둑, 투호, 쌍륙, 칠교도, 투
전, 골패, 저포, 윷놀이, 승경도, 마상격구, 축국, 격방, 장치기, 제기차기
등이다. 이때 전통놀이는 단순한 소품을 벗어나 독자적인 이야기와 행
동을 이끌어내는 장치가 된다. 전통놀이의 비약적 역할분담과 성장이
라 하겠다.

칠교도 : 사극 '옷소매 붉은 끝동'

축국	씨름	보행격구(장치기)
화랑, 대왕의 꿈, 기황후, 해를 품은 달, 연모	영덕 우먼스씨름단, 천하장사 마돈나	성균관스캔들, 왕은 사랑한다
장기	**바둑**	**쌍륙**
장기왕	미생, 응답하라 1988, 신의 한수, 귀수, 맞수	대박, 구미호 레시피, 연모
마상격구	**격방**	**승경도**
무신, 제국의 아침, 태왕사신기, 해치	궁	대박, 해치
투전	**골패**	**칠교도**
꽃선비 열애사, 보쌈, 암행어사, 왕이 된 남자	왕이 된 남자	옷소매 붉은 끝동

전통놀이 가운데 신체활동을 주로 하는 종목으로 격방, 축국이 있다. 사극에 자주 등장한다. 극의 재미와 전개의 속도가 좋다. 그리고 여기에 세계적 무형유산으로 가치가 높은 줄다리기와 윷놀이도 단골로 출연하면 좋겠다는 생각이다. 판놀이도 투전, 골패와 같이 도박성이 강한 종목에서 벗어나 구구소한도, 승경도, 승람도, 쌍륙 등이 자주 등장하였으면 좋겠다. 세계적으로 이름난 케이팝(K-POP)과 한류드라마에 전략적으로 전통놀이를 넣는 지혜가 필요하다. 오징어게임이 일으킨 나비효과를 생각해보면 전략적 사고의 중요성을 알 것이다. 외국인에게도 자연스럽게 한국의 전통놀이를 알게 하고, 이것이 국가브랜드와 한국상품의 인지도에도 도움을 줄 것이다.

전통문화원리가 숨 쉬다

전통놀이에는 시대별로 역사가 담겨 있고, 역사인물이 등장하며, 시와 문학의 소재가 된다. 놀이판에는 전통과학의 원리, 음양오행, 28수 등 전통문화원리가 구현되어 있다. 이중에서 전통문화원리는 전통놀이가 갖는 아주 특별한 매력이다. 전통놀이를 통해 음양오행, 전통 우주관, 십이지, 24절기, 별자리와 28수 등의 전통문화원리를 배우고 체험하는 행운을 얻기 때문이다. 대표적인 전통놀이는 윷놀이, 육박, 구구소한도이다.

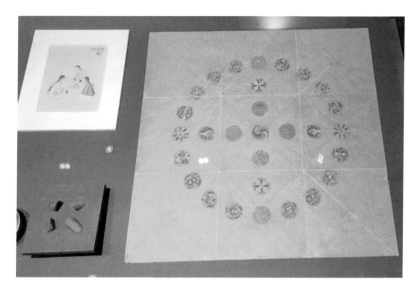

윷놀이판 : 국립민속박물관

　동아시아의 상징문화는 독특한 문화유산이다. 상징은 주로 숫자, 도안이다. 윷놀이의 경우에는 하늘의 별자리가 구현된 작은 천문도(天文圖)라고 할 수 있다. 조선 중기의 김문표(1568-1608)는 《중경지(中京誌)》의 사도설(柶圖說)에서 윷놀이판이 하늘은 둥글고 땅은 네모나다는 천원지방설과 놀이판이 하늘의 28수를 상징한다고 하였다. 조선 후기의 문신이었던 심익운(1734-?)은 《사희경(柶戲經)》에서 윷놀이판은 하늘, 가운데 중심점은 북극이라고 하였다. 윷놀이판은 동아시아 고대 천문관을 반영하는 문화유산인 것이다.

　중국의 호남 장사 마왕퇴유적에서 완전한 형태로 출토되어 세상을 놀라게 한 육박판은 고대의 우주관인 혼천설과 천문의 사신, 12지, 24

육박판 : 호남 장사 마왕퇴유적

절기 등이 반영되어 있다. 동지부터 춘분까지 겨울을 지나 봄이 오기를 기다리는 판놀이 구구소한도는 동아시아의 시간과 계절이 숨 쉰다. 새롭게 창작한 구구소한도(신)는 여기에 원단, 정월대보름, 단오, 추석과 같은 세시명절을 넣었고 소한, 입춘, 곡우, 한로 등 24절기를 더하였다. 놀이를 하면서 저절로 계절의 변화와 세시명절을 체득할 수 있게 된다. 놀이판에 우주철학을 반영한 것은 우리의 전통놀이가 갖는 매력이다.

구구소한도 : 한국역사인문교육원

역사현장을 걷다

———

한양은 조선의 수도였다. 지방에도 전통놀이에 관련된 많은 유적, 유물이 있지만 가장 많은 곳은 역시 한양이다. 먼저 궁궐을 가보자. 곳곳이 전통놀이의 역사현장이다. 경복궁은 여러 궁궐 가운데 압권이다. 전통골프로 불리우는 격방(타구)의 경우 경회루, 사정전, 교태전, 화위당이 역사장소이다. 투호는 경복궁의 승정원, 홍문관, 경회루, 그리고 종친부와 예조에서 행해졌다. 승경도와 쌍륙도 경복궁 곳곳에서 벌어졌다. 경복궁 답사를 하면서 그곳에서 전통놀이를 한다면 답사와 놀이가 어우러져 살아있는 체험콘텐츠가 될 것이다.

격방의 역사현장 : 광통교

　청계천도 전통놀이와 인연이 깊은 역사공간이다. 광통교와 수표교
는 정월대보름을 전후하여 한양의 대표적 세시풍속인 다리밟기가 펼
쳐졌다. 특히 돌로 만든 광통교는 투계, 석전, 격방의 역사현장이다. 운
종가 입구에 위치한 혜정교는 해시계가 놓여 있었고, 어린아이들이 격
방놀이를 한 곳이다. 수표교는 세종대왕 시기에 제작한 수표가 세워지
고, 겨울에는 연날리기가 유명하였다. 청계천은 예나 지금이나 서울의
문화명소이고 랜드마크이다. 전통놀이의 역사현장이 재현되면 이곳을
찾는 많은 이들이 전통놀이의 놀라운 세계를 만나게 될 것이다.

　윷놀이판이 새겨진 바위유적을 동선으로 연결하면 아주 훌륭한 답
사콘텐츠가 된다. 울산대학교 반구대암각화유적보존연구소에서 발간
한 보고서 〈한국의 윷판 암각화〉에서는 윷놀이판이 새겨진 바위유적이

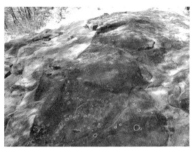

임실 상가 윷판유적(임실군)   고령 월산리 가남마을 윷판유적(고령군)

전국적으로 85곳이라고 전한다. 전북 임실 상가 윷판유적에 남겨진 윷
놀이판은 39점이고, 경북 고령 월산리 가남마을 윷판유적에는 21점의
윷놀이판이 새겨져 있다. 전국적인 분포도를 보이는 윷판유적은 세계
문화유산으로 등재하고, 답사동선으로 연결하면 세계적인 문화콘텐츠
가 될 것이다.

축제를 빛내다

전 세계가 한국문화에 열광하는 21세기에는 전통놀이의 활용도를
높이는 시각전환이 필요하다. 문화콘텐츠의 시각에서 본다면 전통놀이
의 재연현장은 역시 축제이다. 경제적 관점에서도 축제의 공간에서 가
장 필요로 하는 콘텐츠는 전통놀이이다. 기존에는 그저 축제라면 투호
통과 투호살, 멍석 위에 놓인 윷, 짚단 위에 나무판을 얹어놓은 널뛰기

성불도 전통문화체험 : 한국청소년역사문화홍보단

등이 연상된다. 상상력의 부재와 노력의 부족이 그대로 보이는 축제현
장이 아닐 수 없다.

　이제 전통놀이의 다양성에 눈을 뜨고, 전통놀이의 복원과 재연, 전승
의 확대가 필요하다. 그 첫걸음이 지역축제이다. 역사시대별 전통놀이
를 발굴하여 축제와 연동시키는 것이다. 서울 관악구의 낙성대에서 펼
쳐지는 강감찬축제의 경우에는 격방, 성불도, 참고누, 저포와 같은 고
려시대 전통놀이를 시민들에게 제공하고 서울 송파구의 한성백제문
화제, 공주와 부여가 공동으로 진행하는 백제문화제에서는 저포, 육박,
쌍륙, 투호, 윷놀이 등 백제전통놀이를 재연하면 좋을 것이다.

　주제별로 특화된 전통놀이는 사찰과 궁궐, 종택 등이 좋다. 전국의
사찰에서 열리는 불교문화축제에서는 성불도, 저포, 범탑과 같은 불교
전통놀이를 펼치면 안성맞춤이다. 궁능유적본부가 주최하는 궁궐문화

궁중문화축전 : 궁능유적본부

축전에서는 조선시대 궁궐에서 행해진 투호, 승경도, 쌍륙, 격방 등을
재연하는 것이다. 향교와 서원에서는 조선시대 승경도, 승람도, 구구소
한도, 참고누와 같은 놀이종목이 알맞다. 이처럼 전통놀이는 장소에 따
라, 축제의 성격에 따라, 제대로 활용하면 다양한 문화콘텐츠로 살아
숨 쉬게 될 것이다.

한성백제문화제 : 서울 송파구

전통놀이의 현대적 가치, ━━━
전통놀이는 오래된 미래이다!

오정윤
aguta@naver.com
한국역사인문교육원 대표
미래학교 전통놀이 전임교수

전통놀이는 역사적 계승성과 문헌적 근거가 매주 중요한 개념이다. 그래서 그런지 이론적 성격과 전통이란 단어에 무게감이 실리게 된다. 이론이란 관점에서 보면 학문의 분야에 묶이게 되고, 전통이란 시각에서 살펴보면 과거의 문화적 가치라는 인식이 더욱 돋보인다. 그래서 전통놀이는 현재의 시간과 공간의 제약을 벗어나지 못하고 과거 속에 멈추고 만다.

많은 이들의 생각 속에서 전통을 떠올리면 과거의 유산이 각인되고 현재와 미래에 쓸모가 없다는 통념이 지배한다. 그래서 전통놀이의 계승과 확산이란 측면에서 판단한다면 창의적인 생각과 함께 개발과 변화라는 현재적 요구가 무시되거나 막히게 된다. 그런데 전통놀이가 과거의 시간과 공간을 벗어나면 매우 미래적 놀이라는 언덕에 이르게 된다. 이때 힘차게 이곳을 넘으면 전통놀이는 현대적 가치와 만난다. 이 순간에 전통놀이는 오래된 미래가 된다.

굴렁쇠굴리기   팽이치기

비석치기

전통놀이는 배우기 쉽다

   전통놀이는 어린 시절 누구나 체득한 기억이고 기술이다. 그러다보니 매우 친숙하게 느껴진다. 처음 만나는 판놀이(보드게임)도 바둑이나 장기, 또는 고누놀이에 익숙한 이들에게는 쉽게 접근할 수 있고, 놀이방법도 빠르게 익힌다. 판놀이가 아닌 마당에서 하는 전래놀이, 또는 쥐불놀이와 같은 민속놀이도 매우 친근감 있게 받아들인다.

전통놀이 가운데 판놀이는 마당과 같은 넓은 공간, 비나 눈, 바람 같은 환경의 제약없이 재현이 가능하다. 시공간의 제약 없이 언제든지 재현이 가능하기 때문에 여유가 되면 어느 곳에서나 펼쳐놓고 참여할 수 있는 놀이이고 경험이다. 전통놀이는 당연히 배우기 쉽고, 배우고 나면 현장활동을 통해 충분히 실기실습을 지속적으로 해나갈 수 있다. 놀이에서 배우기 쉽다는 것만큼 좋은 덕목은 없다.

전통놀이는 매우 재미있다

———

전통놀이는 배우면 배울수록, 실력이 늘면 늘수록 너무 재미가 있다는 매력적인 장점이 있다. 놀이는 인간에게 있어 노동, 잠과 더불어 평생을 함께하는 삶의 한부분이다. 그래서 놀이철학의 아버지로 평가받는 호이징가(Huizinga, Johan : 1872-1945)는 인간을 호모 루덴스(Ho-moRudens, 놀이하는 인간)라고 정의하였다. 그만큼 놀이는 인간의 삶에서 중요한 부분이란 사실이다.

특히 20세기 이후 대중사회는 TV, 스포츠, 게임, 노래, 춤, 연극 등 모두 놀이를 즐기는 콘텐츠의 발전사라고 봐도 무방할 정도이다. 전통놀이는 그중에서 가장 오랜 역사와 여러 문화적 요소가 결합된 콘텐츠이다. 사라지고 새로 만들어지고, 지속적으로 전승되면서 여러 놀이 도

구구소한도(한국역사인문교육원)

구와 놀이방법이 생겨났고, 다양성만큼이나 즐거움도 이어졌다.

인간의 놀이유희, 놀이콘텐츠 가운데 전통놀이만큼 건전하고, 그러면서도 극적인 경쟁과 도박에까지 이르는 종목은 흔치 않다. 전통놀이의 이런 생명성은 그 바탕에 재미가 있기 때문이다. 재미를 주는 요소는 경쟁과 대화와 소통과 승부의 아슬아슬한 경계이고, 그것이 가슴 뛰게 하는 묘미로 참가자들을 이끌기 때문일 것이다.

오징어게임2 (넷플릭스)

쌍륙 (한국역사인문교육원)

전통놀이의 현대적 가치, 전통놀이는 오래된 미래이다!　　101

전통놀이는 블루오션이다

도전하지 않으면 블루오션은 환상이고, 함께하면 실현이 가능한 현실이 된다.

전통놀이는 과거에 모든 이들이 참여하는 놀이분야였다. 어린 시절부터 매우 익숙한 경험이었다. 그런데 근대의 시간은 다양한 놀이유형을 탄생시켰다. 관심분야와 학습주제가 늘어났고, 노동의 시공간에 얽매이는 사회로 변하였다. 당연히 과거의 전통놀이는 전승의 단절, 새로운 놀이의 탄생에 밀려 점차 기억 속에서, 삶 속에서, 경험 속에서 멀어져갔고, 많은 전통놀이의 종목이 사라지고 단절되었다.

현대에 이르러서 대중은 연극, 영화, 라디오, TV, 컴퓨터. 스마트폰에서 만나는 다양한 콘텐츠가 주는 익숙함, 반복성, 지루함에 갇히게 되었고, 이 때문에 사람들은 과거의 유산에서 새로움을 찾으려는 경향성이 생겨났다. 현대의 놀이영역에서 과거의 전통놀이가 차지하는 비중은 매우 적지만, 놀이문화의 시공간이 커지고, 시장경제의 규모가 커지면서 전통놀이의 역할과 기대치는 적어졌지만, 오히려 크기와 용량은 과거의 합보다 훨씬 크다고 할 것이다.

전통놀이는 초·중·고 학교의 교육주제. 방과후학교, 돌봄교실, 늘봄학교, 전통시장 행사, 지자체 축제, 마을단위의 공원시설, 아파트 농산물장터 등에서 놀이판을 펼쳐 흥겹고 즐겁게 놀 수 있으며, 놀이를 지도하고 함께 어울리며 배우고 나면, 현장에서 지속적으로 활용할 수 있는 지식, 기술이 된다. 그래서 전통놀이는 현재의 놀이시장에서 블루오션(Blue Ocean)이라고 하는 것이다.

전통놀이는 활용도가 높다

———

전통놀이 가운데 판놀이가 있다. 동아시아의 대표적 판놀이로는 윷놀이, 저포, 쌍륙, 바둑, 장기, 마작, 화투, 골패 등이 있으며, 서양에서는 체스, 카드놀이가 있다. 판놀이는 한자식으로 국희(局戱), 영어식으로 보드게임(Board Game)이라고 한다. 판놀이는 놀이방법의 복잡성, 놀이도구의 다양성 등으로 지혜와 경험이 매우 필요한 놀이분야이다.

판놀이는 지혜놀이이기 때문에 놀이의 특성상 교육, 문화, 예능, 오

육박(한국역사인문교육원)

참고누(한국역사인문교육원)   쌍륙(한국역사인문교육원)

락, 가족행사 등의 분야에서 활용도가 높은 전통놀이 가운데 하나이다.
지혜를 겨루는 판놀이는 실내와 실외에서 모두 가능하다는 것이 장점
의 하나이다.

　놀이판은 탁자형과 마당형이 있는데 실내에서 할 때는 탁자나 바닥
에서 놀면 되고, 실외에서 놀 때는 큰 놀이판을 쓰면 즐겁게 놀 수 있
다. 설이나 추석, 가족모임에서 놀이할 수 있고, 동창회나 회사 야유회,
축제나 마을행사에서 판놀이가 아주 적격이다. 숲체험이나 현장체험,
역사탐방을 할 때 잠시 시간을 내서 판놀이를 해도 좋다. 판놀이는 전
통놀이 가운데 활용도가 가장 높은 놀이라 할 수 있다.

전통놀이는 시장이 크다

1990년대부터 우리 사회는 문화유산답사, 역사탐방, 현장체험답사,

자연체험 등이 밀물처럼 유행했고, 현장에서 배우는 공부와 경험은 교과서의 학습과 병행하여 교육과정의 중요한 한 축으로 자리를 잡았다. 그래서 많은 답사관련 교육단체, 회사, 민간단체 등이 생겨났고, 사회경제의 창출과 고용확대가 있었다.

그런데 2020년대 이후, 코로나19의 영향과 출생인구의 급격한 감소로 인해 현장체험을 추진하던 단체기관 등은 축소를 넘어 생멸의 기로에 서게 되었다. 이러한 위기의 상황에서도 전통놀이, 전래놀이, 민속놀이 분야는 넷플릭스 드라마 〈오징어게임〉이 세계적인 인기를 끌면서 덩달아 많은 분들이 전통놀이, 전래놀이, 민속놀이에 관심을 주면서 시장이 오히려 커지고 있다.

코로나19가 끝나고 지역축제가 다시 여러 곳에서 재개되고, 각급 학교의 방과후 교과, 늘봄학교에도 전통놀이가 채택되어 많은 청소년들이 전통놀이를 만나고 있다. 2024년 후반에는 〈오징어게임 2〉가 방영되어 전통놀이의 유행을 선도할 것이다. 이때쯤에 전통놀이에 대한 일반인들의 관심과 인지도가 확실하게 오를 것으로 전망된다. 그래서 전통놀이를 문화영역이란 관점을 넘어 하나의 경제단위로 시각을 바꾼다면, 향후 시장의 확대와 발전은 확실한 미래가 아닐 수 없다. 새로운 전통놀이의 시장이 열리고 있다.

전통놀이는 운동성이 좋다

전통놀이, 전래놀이, 민속놀이는 몸을 움직이며 노는 종목이 아주 많다. 모든 놀이가 몸을 많이 움직이는 것은 아니지만 대체적으로 운동성이 강하다. 현대인에게서 부족한 운동성을 보완해주는 놀이가 전통놀이이다.

그런데 지혜놀이에 해당되는 판놀이는 방바닥이나 탁자에서 노는 탁자형이 대부분으로 몸의 움직임이 아주 적다는 게 특징이다. 매우 이례적인 현상이 아닐 수 없다. 그런데 여기에 흥미와 지혜, 집중력을 높이면서 손과 발, 몸을 움직이는 덕목을 추가하면 판놀이는 아주 좋은 놀이콘텐츠가 된다.

그래서 고안된 것이 마당형 판놀이이다. 작은 크기와 좌식, 또는 탁자에서 하는 탁자형 판놀이를 변화시킨 게 마당형 판놀이다. 마당형 판놀이는 우선 놀이판을 크게 만들어 마당과 같은 넓은 공간에서 몸을 움직이며 노는 운동형 판놀이로 참여자의 운동성을 강화시켰다.

마당형 판놀이는 상당히 정적인 놀이가 활발한 동적인 놀이로 바뀐 사례이다. 전통이란 덕목을 지키면서 현대적 정서에 맞도록 법고창신(法古創新)을 하였다. 아울러 보통 두 명이 주로 노는 탁자형 판놀이에 견주어 마당형 판놀이는 수에 제한 없이 여럿이 편을 나누어 노는 공동체놀이, 협동놀이, 단체놀이로 만들었다.

판놀이는 마당형으로 진화하면서 소통놀이, 운동놀이, 공동체, 협동놀이로 다시 한 번 자신의 색채를 만들었다. 과거의 전통성을 살리면서

성불도(한국역사인문교육원)

참고누와 윷놀이(한국역사인문교육원)

승경도(한국역사인문교육원)

현재적 변화라는 창조성을 더한 셈이다. 그래서 정적인 비운동성이 동적인 운동성 놀이로 재등장한 것이다. 이것이 전통놀이가 갖는 변화와 창조의 덕목이다.

전통놀이는 소통이다

―

2000년대 초반까지만 해도 컴퓨터게임은 피시(PC)방에서 하는 게 대세였다. 당시엔 닌텐도와 같은 개인 기기(디바이스)를 휴대한 청소년들을 곳곳에서 쉽게 볼 수 있었다. 지금은 스마트폰이 국민 전체에 거의 보급되어 카페, 길거리, 지하철, 찜질방 등에서 주로 게임을 하고 있다.

그런데 이런 유형의 기기는 컴퓨터(PC) 게임이든 스마트폰 게임이든 본질은 기계와 자신의 관계만 존재한다는 사실이다. 게임 소프트웨어가 만든 논리와 자신이 겨루는 놀이라서 쌍방향인 것 같지만 사실은 단방향이다.

단방향놀이와 행동은 여럿이 함께하는 공동체문화에 함께하는 정서를 만들지 못하고 사회성 발달에도 좋지 않은 영향을 준다고 사회학에서는 말해준다. 이에 반하여 전통놀이는 스마트폰과 달리 인간이란 상대와 함께 어울려야 할 수 있는 놀이이다. 따라서 전통놀이는 전형적인 쌍방향의 콘텐츠라고 하겠다. 전통놀이가 갖는 가장 큰 덕목의 하나가 쌍방향이고, 이런 특성 속에는 소통, 변화, 조정(타협) 등의 가치를 동반하고 있다.

놀이를 하는 과정이 바로 대화이고 소통의 과정이다. 놀이방법도 불변의 규칙이 아니라 놀이에 참여한 사람들이 서로 조정하여 변화를 줄수 있다. 소통, 조정, 변화는 전통놀이가 쌍방향의 놀이라는 것을 단적으로 보여주는 사례이다. 기계가 삶의 대부분을 지배하는 지식정보화

사회에서 전통놀이는 인간의 숨결과 행동이 참여하는 인간 중심의 놀이라는 덕목을 가진다. 이 점이 전통놀이의 현대적 가치를 가장 잘 보여준다.

전통놀이의 현대적 가치

———

전통놀이는 지난날 전통문화의 계승, 역사교육의 분야에서 자유롭지 못하였다. 여전히 전통놀이는 책이나 교실의 영역에 머물러 있었다. 지식정보화시대에 들어와 다양한 기계적 형태의 놀이매체가 등장하였다, 당연히 시장이 커지고 수많은 게임의 홍수 속에서 과거의 유산이 재조명되고, 과거문화를 즐기려는 향수의 재발견이 전통놀이의 등장으로 재연되었다.

전통놀이는 기계형 게임이 갖지 못하는 여러 가지 현대적 가치를 지니고 있다. 배우기 쉽고, 여럿이 함께하는 즐거움이 넘치고, 많은 이들이 찾는 영역이며 시장도 커진다. 전통놀이를 가르치고 함께 노는 지도강사의 영역도 넓어지고 있다. 운동성과 소통, 공감의 영역에서 전통놀이의 덕목이 재조명되고 있다. 아울러 전통놀이는 공동체놀이, 가족놀이, 명절과 의미 있는 행사에도 활용될 수 있는 덕목을 지녔다. 전통놀이는 현대적 가치가 충만한 놀이의 분야이다.

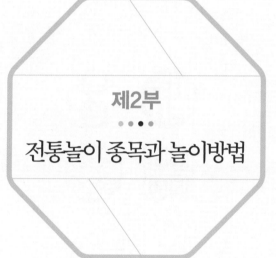

제2부

• • • •

전통놀이 종목과 놀이방법

전통 윷놀이,
모든 판놀이의 기본이 되는 놀이

신지연
kizen4581@hanmail.net
역사문화체험 지도사
전통놀이 지도사범

김윤화
a30742257@daum.net
한국사, 독서토론 방과후 강사
전통놀이 지도사범

윷놀이는 한국의 대표적인 전통놀이, 민속놀이이다. 이를 풀이하면 윷놀이는 역사적 계승성과 문헌적 근거가 확실한 전통놀이이며, 시공간과 결합하여 보름이나 추석 등과 같은 세시명절에 가족단위, 동네단위로 행해지는 민속놀이라고 정의할 수 있다. 윷놀이는 사전적 의미로 전통놀이이며 민속놀이인 것이다.

윷놀이의 구성

윷놀이는 전통적인 판놀이이다. 판놀이는 놀이도구의 구성과 놀이방법에 따라 3가지 유형으로 나눌 수 있는데, 1) 놀이판과 말로 구성된 고누놀이형, 2) 윷, 놀이판, 말로 이루어진 저포놀이형, 3) 칠교도나 골패처럼 짝을 맞추는 칠교도형이 있다.

판놀이의 도구에 따른 유형		
칠교도형	**고누놀이형**	**저포놀이형**
놀이말	놀이말+놀이판	놀이말+놀이판+놀이윷
칠교도, 마작, 골패, 투전, 팔괘패	고누, 바둑, 장기, 체스	윷, 쌍륙, 육박, 승경도, 성불도, 구구소한도

　이중에서 윷놀이는 승경도, 쌍륙과 함께 저포놀이형 판놀이에 속한다. 저포형은 놀이도구의 구성이 윷, 판, 말 3가지인데, 윷놀이도 이와 마찬가지로 윷가락 4개, 놀이판, 놀이말 각 4개로 구성된다.

별자리 윷놀이판 : 조선시대 28수 윷놀이판을 바탕으로 한국역사인문교육원 제작

윷놀이 도구의 형태

윷놀이의 윷은 모두 4개이다. 원형의 나무나 콩, 또는 둥근 모양의 기물을 반으로 나누는데 등과 배가 뚜렷하게 구분하여 4개를 만든다. 윷놀이의 말은 상대별로 각각 4개씩 만들며 구분을 위해 색이나 모양을 다르게 한다.

조선시대 : 밤윷과 윷놀이판(국립민속박물관)

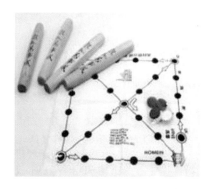

현대시기 : 윷놀이 도구

윷놀이의 윷판은 모두 29개의 점으로 구성된다. 동서남북과 중앙에 큰 점이 모두 5개이고, 외곽에 포진한 큰 점과 큰 점 사이에는 각각 4개의 작은 점이 배치되어 모두 20개의 점으로 원을 이룬다. 중앙의 큰 점과 사방의 큰 점 사이에는 각각 2개의 작은 점이 배치되어 모두 9개의 점으로 십자(十字)를 이룬다.

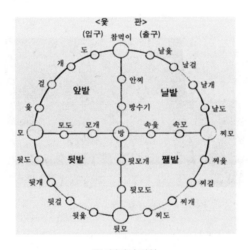

윷놀이판의 명칭

윷판의 4면은 밭이라고 이름하는데 시작면부터 앞밭, 뒷밭, 쨀밭, 날밭이라고 한다. 앞밭은 시작점인 도, 개, 걸, 윷, 모가 있고, 날밭은 동이 난다는 의미의 날도, 날개, 날걸, 날윷, 날모가 있는데 날모는 특별하게 참먹이라고 한다. 십자의 가운데는 방이라 부른다. 천문(天文)의 관점에서는 북극성에 해당되는 자리이다. 그렇지만 실제로 윷놀이를 할 때는 각 점의 이름과 4개 밭의 이름을 굳이 몰라도 문제가 되지는 않는다. 다만 시작점이 도이고, 동이 나는 출구인 참먹이는 맞춤나기에 필요한 이름이라는 사실만 기억해두면 좋을 듯하다.

윷사위의 종류

윷놀이는 4개의 윷을 던지는 놀이이다. 4개의 윷을 던지면 모두 5개의 윷사위가 만들어진다. 윷사위의 이름은 등과 배의 위치에 따라 정해진다. 등 3개와 배 1개는 도, 등 2개와 배 2개는 개, 등 1개와 배 3개는 걸, 배 4개는 윷, 등 4개는 모가 된다. 윷의 등과 배에 각각 붉은색, 흰

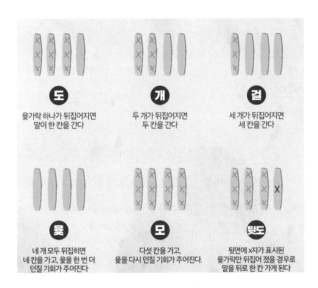

윷놀이의 윷사위

색을 칠하기도 한다.

윷사위에서 도는 말이 앞으로 1칸, 개는 앞으로 2칸, 걸은 앞으로 3 칸, 윷은 앞으로 4칸, 모는 앞으로 5칸을 가며, 이중에서 윷과 모는 특별한 윷사위로 1번 더 던질 수 있다. 또한 윷판의 점에 상대의 말이 있는데, 해당되는 윷사위가 나오면 나의 말을 움직여 상대말을 잡을 수 있고, 상대의 말을 잡으면 1차례 더 던질 수 있다. 지역에 따라 각각 다를 수 있지만, 윷이나 모로 상대말을 잡으면 2번 더 던지는 경우도 있다.

아울러 윷사위의 명칭이 돼지의 도, 개의 개, 염소의 걸, 소의 윷, 말의 모와 같이 가축(家畜)이란 점에서 명칭의 기원을 북방의 유목수렵 전통에서 찾는 주장이 설득력 있게 받아들여진다. 전통적인 학설로는 마가, 우가, 양가, 구가, 저가의 종족연합을 상징하는 부여의 4출도가 윷판으로 만들어졌다는 단재 신채호의 주장이 있다.

윷놀이의 명칭

윷놀이의 명칭을 확인할 수 있는 문헌기록은 고려시대에 처음 등장한다. 윷놀이는 우리 겨레의 고유한 전통놀이인 관계로 한자의 표기가 부재한다. 윷놀이의 놀이판이 바위나 마루판 등에서 많이 발견되지만 문헌기록이 아주 적고 늦은 이유가 여기에 있기도 하다.

고려시대의 기록으로는 저포희(樗蒲戱), 조선시대에 이르러 사희(柶

조선후기 윷놀이(기산풍속도)　　　　　명절의 윷놀이 우표(우정국)

戲)라는 명칭이 등장한다. 저포는 5개의 윷을 던지는 놀이이고, 윷은 4개를 던지는 놀이지만 놀이방법이 유사하여 1404년에 저술된 《목은집》에 처음으로 중국놀이인 저포(樗蒲)를 윷의 한자어로 기록한 것이다. 조선시대에도 윷놀이를 일상적으로 저포희라고 하였지만 그 빈도수는 현저하게 줄어들기 시작하였다.

조선시대에 이르러 사희(柶戲)가 등장한다. 이는 윷놀이의 윷이 4개인 관계로 수저(숟가락) 사(柶)를 가차하여 윷 사(柶)로 사용하기 시작한 것이다. 1417년 《조선왕조실록》에 처음으로 윷 사(柶)가 등장한다.

여기에는 윷놀이의 윷가락이 4개인 점과 더불어 수저(숟가락)도 당시에는 대부분 나무로 만들었고, 여기에 글자인 사(柶)에 넉 사(四)가 있다는 점도 고려한 것이다. 그리고 시간이 흐르면서 던질 척(擲)을 더하여 척사(擲柶), 척사희(擲柶戲)를 병행하여 기록하였다. 민속놀이의 성격인 윷놀이에서는 정월대보름 전후하여 마을마다 척사대회(擲柶大會)가 펼쳐지고, 이때 명칭으로 척사대회가 일반적으로 사용되고 있다.

윷놀이의 윷판 유적

윷놀이의 유적은 우리나라 전역에서 발견된다. 주로 종교의례적 대상이며 행사가 벌어지는 바위 등에 새겨져 있는 것이 특징이다. 이는 윷놀이가 제례적 성격을 갖고 있으며, 윷판이 우주천문의 반영이라는 주장에 힘을 보태는 증거라 할 수 있다. 윷놀이를 우주철학으로 이해하는 2개의 문헌을 소개하면 《사희경》과 《사도설》이 있다.

윷놀이의 대표적 문헌자료인 심익운의 《사희경(柶戲經)》에서는 윷판이 하늘을 표현한 것이라고 하여 동아시아 우주천문을 상징한 것으로 보았다. 김문표의 《사도설(柶圖說)》에서도 "밖이 둥근 것은 하늘을

임실 상가 윷판유적(임실군)

고령 월산리 가남마을 윷판유적(고령군)

상징함이요, 안이 모난 것은 땅을 상징함이며, 중앙에 있는 것은 추성(樞星:북극성)을 상징함이요, 사방에 벌여 놓은 것은 28수(宿)를 상징한 것이다(外圓象天 內方象地 居中者爲樞星 旁列者爲二十八宿)"라고 하였다.

維局象天 中作樞極 二十八舍 其機內斡(윷판은 하늘을 표현한 것이다. 중심은 하늘의 중심 북극성이며, 스물여덟 개 28수의 방은 기틀이 안에서 다스린다) : 심익운 사희경

外圓象天 內方象地 居中者為樞星 旁列者為二十八宿(밖이 둥근 것은 하늘을 상징함이요, 안이 모난 것은 땅을 상징함이며, 중앙에 있는 것은 추성(樞星)을 상징함이요, 사방에 벌여 놓은 것은 28수(宿)를 상징한 것이다) : 김문표 사도설

미륵사지 전경(익산시)

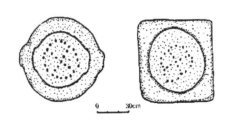

윷놀이판이 새겨진 주춧돌　　　　　윷놀이판 모사도(미륵사지발굴보고서)

　　널리 알려진 윷놀이의 윷판유적은 전북 익산의 미륵사지 회랑지와
강당지의 주초석에 새겨진 윷판이다. 아마 이때의 윷판은 종교적 의례
의 성격이라기보다는 미륵사를 건축할 때 공인(工人)들이 휴식시간에
잠시 놀기 위해 돌판에 새겨놓았을 것으로 본다. 윷놀이를 하면서 술내
기를 하였거나, 번을 정하거나, 노동을 대신하기 위해, 아니면 품삯을

고구려 윷놀이판 : 포항 일월공원 복각판

걸었을 것이다.

고구려의 윷판유적은 2번째 수도인 국내성 지역에 있는데 국내성 우산묘구 제3319호 벽화묘 앞 동쪽바위에 새겨진 윷판이 있다. 바위에 새겨진 인면상은 제사장으로 보고 있으며, 윷판이 새겨진 뒤에 인면상이 만들어진 것으로 추정하는데 이때 윷판은 제례용이거나 아니면 노동유희의 성격으로 볼 수 있을 것이다.

윷놀이의 문헌자료

윷놀이의 문헌자료는 이색의 《목은집》, 심익운의 《사희경》, 김문표의 《사도설》, 이규경의 《사희변증설》이 있다. 목은 이색(1328-1396)은 이제현의 제자로 성균관 대사성을 지냈으며 문인으로 정도전, 정몽주가 있다. 그의 문집인 《목은집》에 있는 장단음(長湍吟)은 윷놀이가 소개된 가장 오랜 문헌자료이다.

이웃집 늙은이인 이상서와 박중랑(朴中郎), 김석(金碩), 김언(金彦), 이우중(李祐仲), 손숙휴(孫叔畦)가 윷놀이를 하기에 옆에 앉아서 구경하다가 쓴 것이다.

동방의 풍속이 예로부터 세시를 중히 여겨
풍속유래중세시 風俗由來重歲時

흰머리 할범 할멈들이 아이처럼 신이 났네

백두옹온작아희 白頭翁媼作兒嬉

둥글고 모난 윷판에 동그란 이십팔 개의 점

단단사칠방원국 團團四七方圓局

정과 기의 전략 전술에 변화가 무궁무진하이

변화무궁정여기 變化無窮正與奇

졸이 이기고 교가 지는 게 더더욱 놀라우니

졸승교수우가해 拙勝巧輸尤可駭

강이 삼키고 약이 토함도 기약하기 어렵도다

강탄약토역난기 强吞弱吐亦難期

노부가 머리를 써서 부려 볼 꾀를 다 부리고

노부용진기관료 老夫用盡機關了

가끔씩 다시 흘려 보다 턱이 빠지게 웃노매라

시복류관소탈이 時復流觀笑脫頤

〈장단음〉, 목은 이색

　윷놀이를 우주천문의 관점으로 분석하고 풀이한 문헌자료는《사희경》과《사도설》이 있는데,《사희경》은 영조-정조시기에 활약한 문인으로 심익운(1734-?)의 문집인 〈강천각 소하록〉에 수록되어 있다.
　그 주요한 내용은 1)윷놀이가 우리나라 고유의 판놀이라는 점(東人之戲 古無聞焉), 2)윷사위의 명칭인 도, 개, 걸, 윷, 모가 정확하게 표기되었고(其一擲也三赤一白曰挑 赤白半曰介 三白一赤曰桀 純白曰㯞 純赤曰模 皆因俗

강천각 소하록 표지	사희경 원문	사희경 (부분)

척사대회 포스터

호병마을 척사대회   서대문구 척사대회

立名), 3)오늘날 행해지는 윷놀이 방법과 규칙이 거의 일치하며(四馬並
馳 或乘或匹), 4)놀이판의 도형이 천문, 주역, 음양오행 등 동양철학의
반영(維局象天 中作樞極)이라는 게 핵심이다.

윷놀이의 놀이방법

윷놀이는 시간과 공간의 제약이 적으면서 누구나 쉽게 배우고 놀이
방법을 익힐 수 있어 양반가에서부터 서민에 이르기까지 보통 12월부
터 이듬해 1월에 주로 놀았다. 세시풍속의 성격으로는 정월대보름 전
후하여 동제(洞祭)나 마을축제에 척사대회 등을 개최하여 단체로 놀이
를 하였다.

윷놀이의 선을 정하는 방법은 각각 1개나 2개의 윷가락을 던져 낮

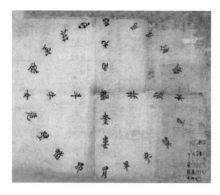

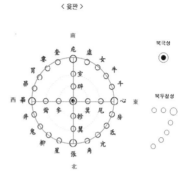

| 28수가 표시된 조선시대 윷놀이판 | 28수를 응용한 윷놀이판 |

의 경우에는 배, 밤의 경우에는 등이 나온 쪽이 우선한다. 4개의 윷말
은 모두 업어 갈 수 있고, 업은 말은 해체할 수 없다. 윷이나 모가 나오
면 한번 더 던질 수 있고, 상대의 말을 잡아도 한번 더 던질 수 있다. 모
두 4개의 말이 참먹이를 지나 '동'이 나면 이긴다. 1개씩 각각 동이 날
수 있고, 2개에서 4개까지 업은 말이 동시에 동이 나기도 한다.

동이 나는 행보는 모두 전통적으로 4가지가 있는데, 가장 짧은 길은
(1)도→모→방-참먹이. 그 다음이 (2)서 있는 반달형으로 도→모→뒷
모→방→참먹이, 같은 반달형이지만 (3)누워 있는 형태로 도→모→방
→찌모→참먹이, 끝으로 (4)가장 먼 길은 도→모→뒷모→찌모→참먹
이 방향으로 한 바퀴 도는 것이다. 그리고 최근에 널리 유행하고 있는
뒷도가 나올 경우 계속 뒤로 물러나 참먹이에 이르면 이 또한 동이 난
다. 지금의 놀이방법으로는 뒷도로 나는 경우를 합하면 5가지가 있는
것이다.

윷놀이의 동이 나는 방법

윷놀이의 응용방법

윷놀이는 경우의 수가 도, 개, 걸, 윷, 모 5개이다. 이에 놀이의 흥미
와 다양한 반전을 위해 윷가락과 윷판에 조건을 만드는 응용놀이가 생
겨났다. 대표적인 게 윷가락의 배쪽에 표시(◑)를 하여 뒤로 한 걸음 물
리는 뒷도를 만들고, 등쪽에 표시(◐)를 하여 걸을 두번 가는 앞걸을 만
들기도 한다.

또한 말판에 조건을 만들기도 하는데, (1)소도는 안전지대로 이곳에

소도와 함정을 표시한 윷놀이판   절벽과 맞춤나기를 표시한 윷놀이판

들어가면 누구도 잡을 수 없으며, (2)함정의 경우 이곳에 빠지면 윷과 모가 나와야 탈출하고, (3)절벽은 말이 죽기 때문에 처음부터 다시 하고, (4)맞춤나기는 동이 나는 참먹이에서 약속한 윷사위가 나와야 동이 나는 조건이다. 맞춤나기는 위치가 참먹이로 고정이지만 소도와 함정과 절벽은 놀이에 참여한 사람들이 위치를 임의대로 정하는 자유로움이 있다. 이렇게 윷놀이도 다양하고 반전이 가능하게 응용하여 놀 수 있다.

윷놀이를 즐기는 노인들(김해시 봉황동 유적에서)

윷놀이 전승과정(못골어린이도서관)

시민참여 윷놀이(한국역사인문교육원)

저포(樗蒲)놀이, ━━━
백제인들이 즐겨 놀았던 판놀이

이래양
mulan410@naver.com
미래학교 역사인문 지도강사
전통놀이 지도사범

고은희
ehko2@hanmail.net
안양놀자학교장
놀이활동가

저포놀이는 매우 오래된 전통놀이의 하나이다. 한국민족문화대백과에 따르면 "저포는 원래 중국의 놀이인데,《오잡조(五雜俎)》권 6에 저포는 중국의 하상주(夏, 商, 周) 3대(서기전 2070-771)에도 있었다 하고,《태평어람(太平御覽)》권 726에 저포는 도가의 창시자인 노자(老子)가 실크로드 서쪽의 서융(西戎)에 가서 만든 것이다"라는 기록에서 역사적 계승성과 문헌적 고증을 확인할 수 있다.

서기 10세기경에도 전승이 이어져서 당나라 역사를 기술한《당국사보(唐國史補)》에 이 놀이방법이 기록되어 있는 것을 보면 놀이의 즐거움과 생명력을 본다. 기록에 따르면, "놀이판은 360자(子)로 되어 있으며, 말(馬)은 놀이하는 사람마다 여섯 개씩 갖는다"고 하였다. 이러한 저포놀이가 백제에도 전해지고, 고려와 조선을 거쳐 현재에 전승되어 놀고 있는 것이다.

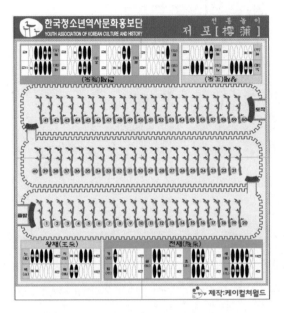

저포놀이판 : 한국역사인문교육원 원형복원 제작

저포(樗蒲)의 어원

저포(樗蒲)라는 명칭은 윷의 재료에서 이름이 시작된다. 한자어로 저(樗)는 가죽나무를 말하는데, 나무의 껍질이 까만색을 띠고, 속은 하얗기 때문에 저포놀이의 윷으로 사용한다. 단오절에 여성들이 머리를 감는데 쓰는 창포(菖蒲)의 풀종류인 포(蒲)는 부들을 일컫는데, 열매가 단단하여 저포의 말로 쓴다. 그래서 가죽나무 저(樗)와 부들 포(蒲)를 합하여 저포놀이라고 부른다.

저(樗) : 가죽나무   포(蒲) : 부들

저포는 오랫동안 동아시아의 여러 판놀이 가운데 한국의 윷놀이와 함께 유행하였다. 윷놀이와 노는 방법이 유사하여, 고려시대와 조선시대는 윷놀이를 표기하는 한자어가 없어서 저포(樗蒲)를 빌어다가 윷놀이라 하였다. 따라서 문헌에 등장하는 저포(樗蒲)는 내용에 따라 저포희인지 윷놀이인지 구분이 가능한데, 간혹 그냥 저포희를 두었다고 하면 저포놀이인지, 윷놀이인지 명확하지 않은 경우도 있다.

저포(樗蒲)의 원전기록

저포(樗蒲)놀이에 관한 원전기록은 몇 가지가 전해지는데 대표적인 것이《오목경》,《저포경략》,《당국사보》,《오잡조》이다.《오목경》은 저포의 윷이 다섯 개라서 오목(五木)이라 불렀는데, 여기에서 지어진 책명이고,《저포경략》은 저포에 관한 가장 방대한 분량을 자랑하는 저포의 경

전이다.《당국사보》와《오잡조》는 저포에 관한 개략적인 설명을 하고
있는 문헌기록이다.

《오목경》의 저포기록

저포는 다섯 개의 나무를 검고 희게 칠
하여 구분한다. 다섯 개의 나무(矣) 중 두
개에 치(稚, 꿩)를 새기고, 치를 새긴 두 개
의 주사위의 등쪽에 독(犢, 송아지)을 새겼
다. 왕채(귀채)는 4가지가 있는데, 노(검은
것), 백(흰 것), 치(새), 우(송아지)이다. 천채
(잡채)에는 6가지가 있으니, 개, 새, 탑, 독,
궐, 효다……(중략) 화살(矢 : 산대라고 한다.)
120개와 관문이 2개 설치되고, 산대를 40

오목경, 이고(770-841경)

개씩으로 나누어 3무더기로 나눈다. 말로 쓰는 산대는 20개고 그 색은
오색으로 한다(하략)

樗蒲五木, 玄白判. 厥二作雉, 背雉作牛. 王采四, 盧、白、
雉、牛. 賤采六, 開、塞、塔、禿、撅、梟……(중략) 矢百有
二十, 設闊二, 間矢爲三, 馬筴二十, 厥色五(하략)

　　　　　　　　　　　　　　　　　　-《오목경》, 이고(770-841경)

오목경(五木經)은 저포의 원형복원을 하는데 가장 기본이 되는 경전

이다. 유교나 불교의 경전처럼 잡희(雜戲)를 기록한 책에 경(經)을 붙이고 있다는 점이 특별하다. 다음으로 오목경과 함께 저포의 원형을 복원하는데 보완되는 중요한 원전으로《당국사보》가 있다. 비록 저포경략, 오목경에 비해서 짧은 분량이지만 오목경보다 앞선 저포놀이의 모습을 보여준다는 점이 이 책의 가치이다.

《당국사보》의 저포기록

낙양현령 최사본은 예로부터 전해지는 저포를 놀기 좋아하였다. 저포놀이의 방법은 산대 360개를 셋으로 나눈다. 그리고 2개의 관문으로 막고, 노는 사람은 6개의 말을 가진다. 저포의 주사위는 모두 5개이고, 반으로 나눈 것의 위쪽은 검은색을 칠하고 아래쪽은 흰색을 칠한

당국사보, 이조(713-824)

다. 검은색에는 2개에 소(독:犢)를 새기고, 흰것에는 2개에 새(치:雉)를 새긴다(하략)

洛陽令 崔師本 好爲古之樗蒲. 其法 三分其子三百六十, 限以二關, 人執六馬. 其骰五枚, 分上爲黑、下爲白. 黑者刻二爲犢, 白者刻二爲雉.

-《당국사보》, 이조(713-824)

명나라 시기에 팽대익(1552-1643)이 저술한 백과사전 〈산당사고(山堂肆考)에 따르면 서기전 2070년경 하나라를 세운 하우(夏禹)의 신하 오조씨가 저포와 쌍륙을 창안하였다고 전한다. 물론 이것은 고대의 영웅을 신성시하려는 문화영웅신화의 반영이지만, 기록상으로 윷이 5개이고, 윷사위의 명칭이 효, 노, 치, 독, 새인 점과 윷사위의 순서가 효, 노, 치와 독, 새라고 한 점은 아주 특이한 기록이다.

《오잡조》의 저포기록

예전에 오조씨가 저포를 만들었는데, 다섯 개의 나무로 윷을 삼았다. 효, 노, 치, 독, 새가 승부를 짓는 윷사위이다. 저포윷의 머리에는 새 모양을 새겼는데 윷사위가 가장 높고, 노가 다음이고, 치와 독이 그 다음이며, 새가 가장 낮다.

산당사고 오잡조,
팽대익(1552-1643)

古者乌曹氏作博，以五木为子．有枭、卢、
雉、犊、塞为胜负之彩．博头有刻枭形者为最
胜，卢次之，雉犊，又次之，塞为下。

— 산당사고(山堂肆考) 오잡조, 팽대익(1552 - 1643)

저포의 원형모습은 기록에 따라 당국사보, 오목경, 저포경략의 순서이다. 저포경략은 분량이 매우 많고 저포의 형태, 놀이방법, 유행풍습 등을 자세하게 전하는 문헌이다. 또한 저포의 윷사위가 매우 다르게 변하고 있다는 것도 확인할 수 있다. 한국전통놀이학교(한청단+미래학교)에서 복원한 저포놀이는 오목경을 바탕으로 틀을 만들고, 당국사보에서 보완하고, 저포경략을 참고했다는 점을 밝혀둔다.

《저포경략》의 저포기록

다섯 개 윷의 모양은 양쪽 끝이 뾰족하여 잘 구르고, 가운데가 넓어서 윷사위를 새길 수 있다. 한 개의 윷에는 두 개의 면이 있어 하나의 면은 검은색을 칠하고 송아지(독)를 그려 넣고, 하나의 면은 흰색을 칠하고 꿩(치)을 그려 넣는다. 윷을 던져

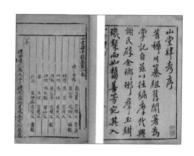

산당사고, 정대창(1123-1195)

서 다섯 개 모두가 검은색이 나타나면 노라 이름하고 가장 높은 윷사위가 되고, 4개가 검고 하나가 희면 치라 이름하고 노 다음이고, 이로부터 점차 등위가 내려와서 면이 검은가 흰가를 찾아서 어떤 것은 효라 하고, 어떤 것은 건이라 한다.(하략)

五木之形, 兩頭尖銳, 故可轉躍, 中間平廣, 故可鏤采, 凡一子悉為兩面, 一面塗黑, 畫犢, 一面塗白, 畫雉。投子者, 五皆現黑, 名曰盧, 為最高之采, 四黑一白, 名曰雉, 降盧一等, 自此而降, 白黑相尋, 或名為梟, 或名為犍.

-《저포경략》, 정대창(程大昌:1123—1195)

저포(樗蒲)의 단편기록

동아시아에서 저포놀이를 하였다는 문헌의 단편기록은 많이 전해지지만, 대표적인 문헌기록으로는 《진중흥서(晉中興書)》, 《태상노군 역세응화도설》 등이 있다. 이들 문헌에 나타나는 공통성은 서역(西域)에서 전해졌다는 것이다.

《진중흥서》의 저포기록

저포(樗蒲)는 노자가 서역으로 들어가서 만든 것으로, 외국의 놀이이다.

樗蒲，老子入胡所作，外國戲耳。

　　　　-《진중흥서》: 유송시기(420-479), 하법성 지음

하법성 진중흥서

그런데 저포의 창시자는 오히려 도가의 시조인 노자(老子)라고 한다. 노자가 세상의 어지러움을 한탄하며 서역으로 떠났는데, 그곳의 사람들의 성정이 포악하고 싸우기를 좋아하여 저포놀이를 만들어 교화를 시켰는데 그것이 불교의 전래와 함께 중국으로 다시 들어왔다는 것이다. 이는 노자를 높이기 위한 것이지 실제로는 저포가 서역의 놀이라는 것을 말해준다.

《태상노군 역세응화도설》의 저포기록

서역인들은 사람 죽이는 일에 능숙하여, 노자는 이에 저포를 만들어 호인들을 (이 저포놀이로) 교화시키고자 이 놀이를 즐기게 하였다.

태상노군 역세응화도설, 1098년경

胡人專于肆杀，老子乃作樗蒲教胡擲之

–《태상노군 역세응화도설》

한국의 저포기록

중국의 역사책인 주서(周書), 북사(北史), 수서(隋書)를 보면, 백제인들이 여러 놀이 가운데 저포(樗蒲)를 즐겼다는 기록이 있다. 비록 고구려나 신라는 저포를 하였다는 기록이 없지만 삼국이 불교와 문화를 교류하였다는 측면을 본다면 저포도 삼국에 모두 전해졌을 것으로 본다.

백제 저포기록 : 주서(周書)

주서 백제전의 저포기록

(백제의 풍속에⋯) 투호와 저포 등 여러 놀이가 있으며, 그 중에서도 바둑을 특히 좋

아한다.

有投壺摴蒲(樗蒲)等雜戱, 然尤尙奕棊

– 〈주서, 백제전〉

북사 백제전의 저포기록

(백제의 풍속에…) 투호와 저포, 농주(구슬
놀이), 악삭(쌍륙) 등의 여러 놀이가 있으며,
그 중에서도 바둑을 특히 좋아한다.

有投壺摴蒲(樗蒲)弄珠握槊等雜戱, 尤
尙奕棊

– 〈북사, 백제전〉

백제 저포기록 : 북사(北史)

수서 백제전의 저포기록

(백제의 풍속에…) 투호와 바둑, 저포, 악삭
(쌍륙), 농주(구슬놀이)와 같은 놀이가 있다.

有... 投壺圍棊樗蒲握槊弄珠之戱

– 〈수서, 백제전〉

백제 저포기록 : 수서(隋書)

백제의 저포는 남북국시대, 고려시대를 거쳐 조선시대로 전해졌다. 조선초 생육신의 한 명인 김시습(1435-1493)의《금오신화》에는 만복사 저포기(萬福寺樗蒲記)가 있는데, 이 작품에 따르면 오늘날 남원의 만복 사에서 저포가 전해진 것을 알 수 있다.

김시습(1435-1493)

금오신화 : 만복사저포기

저포의 역사현장 : 남원 만복사지

저포놀이의 특성

———

우리나라 전통놀이인 윷놀이는 윷이 4개이다. 한자로는 척사(擲柶) 라고 하는데, 한자인 사(柶)는 윷이 4개라서 넉 사(四)를 나무 목(木)에 더한 것이다. 저포는 윷이 하나가 늘어나 오목(五木)이라 부른다. 재료 에 따라 저포(樗蒲)라고 한다. 윷이 6개인 것은 6개 면에 숫자가 새겨진 주사위를 쓰는 쌍륙(雙六)과 6개의 윷가락을 쓰는 육박(六博)이 있다. 육 박은 윷이 6개에서 유래한 것이다.

이런 점을 생각한다면 판, 윷, 말을 쓰는 놀이인 박류(博類) 가운데 4 개 윷을 쓰는 윷놀이가 가장 앞서고, 그 뒤를 이어서 5개 윷을 사용하 는 저포(樗蒲), 6개를 쓰는 육박과 쌍륙이 이어지는 것을 알 수 있다. 한 국전통놀이학교(한청단+미래학교)에서는 2019년도부터 저포의 원전인 오목경(五木經)과 당국사보, 저포경략을 근거로 원형에 가까운 저포를 복원하였고, 현재 전통놀이 지도사를 양성하여 저포를 전승-보급하고 있다.

윷놀이의 윷가락수(4개)

저포의 윷가락수(5개)   육박의 윷가락수(6개)

저포놀이의 방법

저포놀이의 방법과 규칙은 저포의 원전이 되는 《오목경(五木經)》과 《당국사보(唐國史補)》, 《저포경략(樗蒲經略)》을 근거로 원형에 가깝게 복원한 것이다. 원전을 번역하고 분석하여 원형에 가깝게 재현한 것이 오늘날 우리나라에서 전승되는 현재의 저포이다.

한국전통놀이학교(미래학교+한청단))에서 전승하는 〈전통놀이 지도사범〉의 저포놀이는 우리나라에서 처음으로 원형을 복원한 저포를 배운다는 의미와 더불어 역사적 근거, 문헌적 고증이 확실하다는 사실에 자부심을 가져도 좋을 것이다.

저포놀이의 도구

저포놀이의 도구는 판놀이의 특징인 판, 윷, 말을 갖춘 전통놀이이

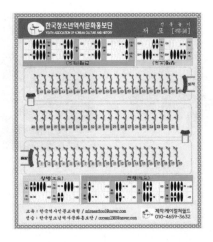

저포판

다. 저포의 필수적인 도구는 저포판, 저포윷, 저포말 등이 있는데 현대
적인 감각에 맞추어 원형을 바탕으로 창의적인 색채를 더한 것이다. 저
포놀이에 흥미를 더하고자 폭탄, 구덩이, 복(福)과 같은 장치를 두지만
원전에는 없다. 원전에는 놀이판에 함정(陷穽)과 연못(池塘)을 두고, 일
정한 칸마다 관(關)을 둔다는 기록은 있다.

저포윷

저포말(오른쪽 20개)

저포놀이의 윷사위

저포놀이는 윷이 5개이므로 던지면 나오는 경우의 수가 모두 6개이다. 윷놀이가 4개의 윷을 던지기 때문에 경우의 수가 5이고, 육박은 6개를 던지므로 경우의 수가 7이다. 놀이가 경쟁하고 도박성이 강해지려면 놀이판에 다양한 장치를 두거나 놀이윷에 변화를 주어 경우의 수를 늘리게 된다. 저포의 경우도 놀이판은 물론이고 경우의 수를 늘리기 위해 놀이윷에 몇 가지 표기를 만들었다.

윷 : 경우의 수	저포 : 경우의 수	육박 : 경우의 수
5가지(도개걸윷모)	6가지	7가지

저포는 보다 복잡하고 즐거움을 더하기 위하여, 검은색의 등쪽에 두 개의 송아지 독(犢)을 새기고, 반대편의 흰색면에는 꿩 치(雉)를 새겼다. 이러면 경우의 수가 12개로 늘어나 놀이의 재미와 포석의 다양성, 행

등에 독을 새긴 저포윷

치 　　　　　　　　　　　　　 독

마의 복잡성이 더해져 더욱 유행하였다. 윷사위를 익히는데 어려움이
있지만 여러 경우의 수가 나오기 때문에 역전의 가능성도 높아지고, 머
리를 써야 하는 전략적 사고도 필요하게 되었다.

윷사위의 명칭

저포의 윷사위는 노, 백, 치, 독이라는 좋은 윷사위 4개가 있는데 이
를 왕채(귀채)라고 하며, 개, 새, 탑, 독, 궐, 효 등 6개의 나쁜 윷사위가
있는데 이를 천채라고 한다. 천채 가운데 궐과 효는 각각 2개의 경우의
수가 더 나온다. 그래서 명칭으로는 10개지만 실제의 윷사위는 12개가
된다.

왕채는 저포놀이에서 (1)적의 말을 잡고, (2)한 차례 더 던질 수 있
고, (3)함정과 장벽을 건널 수 있는 특권이 있으므로 좋은 윷사위라고
하며, 천재는 상대말을 잡는 것 외에는 그런 특혜가 없어서 나쁜 윷사

위라고 부르지만 이것에 가하는 특별한 벌칙이나 손해는 없는 윷사위이다.

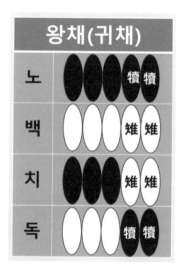

저포 윷사위 : 왕채(귀채)

저포 윷사위 : 천채(잡채)

저포말과 판의 구성

저포말은 5행에 맞추어 모두 5종류이고, 각 색에는 4개의 말이 있
다. 저포판은 제1단(하단) 20칸, 제2단(중단) 20칸, 제3단(상단) 20칸 등
총 60칸으로 구성되었다. 제1단에서 제2단으로 이동할 때는 관(關)이
란 장벽이 있어 왕채가 나오지 않으면 다음 단계로 진출할 수가 없다.
또한 여러 칸에는 함정(갱), 연못 등이 있고, 흥미를 위해서 폭탄, 화살
표, 복 등 여러 보조장치를 두기도 하는데, 이는 저포놀이 참가자들이
자유롭게 의논하여 위치를 정할 수 있다.

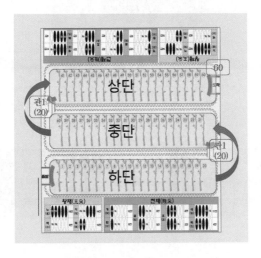

저포판의 구성

저포놀이의 규칙

저포놀이의 규칙은 《오목경》과 《저포경략》, 《당국사보》, 《오잡조》 등의 문헌자료를 바탕으로 재현한 것이다. 처음에는 놀이방법이 익숙치 않아서 어렵다고 느끼지만, 우리 전통놀이인 윷놀이를 할 줄 안다면 저포놀이도 현장에서 몇 차례 실기실전을 하면 금방 배울 수 있다.

편 나누기와 선 정하기

(가) 놀이에 참여하는 인원은 2명 이상 여럿이면 알맞다.

(나) 한 개씩 던져 낮에는 배가 나오면 선, 밤에는 등이 나오면 선을 잡는다.

(다) 편이 여럿일 경우에는 5개의 윷을 던져 왕채의 높은 숫자, 천채의 높은 숫자 순서대로 선을 맡는다.

장애물의 설치

(가) 놀이판을 펼치고 장애물 등을 설치한다.

(나) 장애물은 연못, 함정이고, 관은 놀이판에 고정된 위치이다.

(다) 장애물의 위치는 서로 상의하여 정한다.

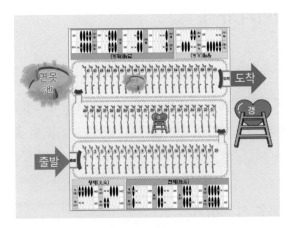

장애물의 설치

행마(말의 이동)

(가) 저포윷을 던져 나온 윷사위에 따라 칸을 이동한다.

(나) 놀이판 위에 자신의 말 4개가 모두 나가도 상관이 없다. 첫 번째
관을 지나 중단부터 말을 업어갈 수 있다. 4개의 말을 모두 업을
수 있다.

(다) 4개의 말을 먼저 내보내면 이기므로 가급적 모두 내보내는 것
이 좋다. 특히 하단에서는 상대말을 잡지 않기 때문에 모두 내보
내도 무방하다.

왕채(귀채)의 특권

(가) 귀채(왕채)가 나올 경우에는 한 번 더 던진다.

(나) 하단의 관, 중단의 관은 왕채가 나와야 넘을 수 있다.

(다) 상단의 관(끝부분)은 왕채가 나와야 동이 난다.

(라) 천채(잡채)는 중단(2단)부터 상대말을 잡을 수 있다.

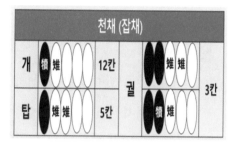

왕채(노, 백, 치, 독)의 윷사위

천채(개, 탑, 궐)의 윷사위

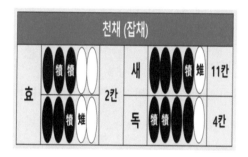

천채(효, 새, 독)의 윷사위

격마(말잡기)

(가) 귀채가 나올 경우 상대말을 잡을 수 있다. 격마는 재투를 한다.

(나) 천채가 나올 경우에도 상대말을 잡는다, 중단부터 격마가 가능

하다.

(다) 1단(하단)에서는 격마할 수 없다. 이때에 모든 말을 내보내는 게 승패에 유리하다.

(라) 업은 말(첩마)을 잡으면 모두 잡히고, 잡힌 말은 처음으로 돌아 간다.

행마

(가) 구덩이에 빠지면 왕채가 나와야 벗어날 수 있다. 놀이말이 구덩이에서 빠져 나올 때까지 자신의 다른 놀이말은 움직일 수 없다.

(나) 왕채가 아니면 관을 넘을 수 없다. 관에 막혔어도 움직일 수 있는 다른 말이 있으면 행마가 가능하다.

(다) 첫 번째 관을 넘어가서 부터는 업어갈 수 있다. 업어가다 잡히면 손실이 크다. 살대 사이에 보조도구인 장애물이 있을 경우 지시 사항에 따른다.

(라) 4개의 말이 모두 60번칸의 관을 넘어 동이 나면 승리한다.

북인사마당 시민참여(한국청소년역사문화홍보단)

전승활동(서울시민대학 동남권캠퍼스)

자격과정(못골한옥어린이도서관)

참고누,
모든 놀이의 원형인 가장 한국적인 놀이

신경선
ddacsai@hanmail.net
얼쑤놀자 대표, 강강술래 놀이꾼
전통놀이, 전래놀이 지도사범

남기연
tpa0224@hanmail.net
문화예술(전통놀이) 강사
전통놀이 지도사범

고누놀이는 백성들이 땅에 놀이판을 그리고 노는 놀이로 천하게 여겨 기록이 부족하다. 학동들은 학습 도중에 성인들은 노동 현장, 전쟁 시 등에서 여가가 생기면 하던 놀이로 한국형 놀이의 원형문화라 할 수 있다. 고누는 특별한 말판이나 말이 필요 없다. 말판은 종이나 땅바닥에 그리고 말은 바둑돌이나 동전, 작은 돌멩이를 사용할 수도 있다.

고누는 모양과 노는 방법에 따라 여러 이름이 있고, 지역마다 두는 방법도 다르다. 고누의 종류로는 이사고누, 사방고누, 4줄고누, 8줄고누, 수박고누, 바퀴고누(수레고누), 우물고누, 호박고누, 참고누 등 60여 종이 전해진다. 그중에서 고누의 왕은 참고누라고 한다. 참고누는 고누 가운데 가장 수준이 높고, 전통적 판놀이인 바둑과 장기의 전(前) 단계 놀이라는 점에서 매우 중요한 고누이다.

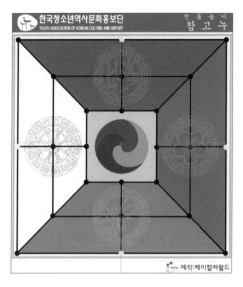

참고누판 : 한국역사인문교육원 제작

고누놀이의 어원

'고누'라는 말뜻은 '견주다, 겨누다'라는 옛말에서 비롯된 것으로 추정한다. 고누는 표준어로 '고누'라 하고 한자로는 '지기(地碁)'라 쓰고 있으나, 경기 지방에서는 '고누' '고니' '꼬니', 경남에서는 '꼰', 제주도에서는 '꼰짜' 라는 명칭이 사용되고 있다. 이 명칭들의 어원을 살펴보기 위해서 먼저 〈물보박희(物譜博戱)〉를 보면 〈우물고노〉라는 기록이 보인다.

전통놀이 판놀이(국희:局戱)의 3가지 유형		
칠교도형	**바둑형**	**저포형**
놀이말(패, 카드)로 진행하는 판놀이	놀이말과 놀이판이 있는 판놀이	놀이말, 놀이판, 놀이윷으로 하는 판놀이
마작, 칠교도, 화투, 카드	바둑, 장기, 타마, 체스	윷놀이, 쌍륙, 승경도, 육박

이 고노는 또다시 '고노다'라는 동사에서 온 것인데,《소학언해(小學諺解)》를 보면 '다시 높프며 낫가움을 고노와 막키다(고어)' 라는 기록이 있다. 그러므로 오늘날 고누의 성어 과정은 '고노다〉고노〉고누' 내지는 '꼬누다〉꼬누〉꼬니〉꼰' 인 것이다. 한편 한자어의 지기(地碁)란 땅바닥에서 두는 바둑(위기)이란 의미이다.

고누의 유형

고누는 놀이도구가 놀이판과 놀이말이다. 이러한 판놀이를 바둑형, 장기형이라고 분류한다. 땅바닥이나 마루판, 종이 등에 놀이판을 그리고, 주변에서 돌이나 나무막대, 바둑알 등을 쉽게 구해서 놀이말로 사용할 수 있기 때문에 주로 아동들이 즐겨 놀았다. 그중에서 참고누는 놀이방법이 복잡하고, 전반전과 후반전에 승패의 변수가 많아서 어른들도 즐겨 놀았다.

말을 움직이는 놀이방법에 따른 고누의 4가지 유형			
이동형	포위형	따기형	혼합형
평화형	가두기형	격마 전투형	이동+격마
이사고누, 사방고누	우물고누, 호박고누, 밭고누, 수박고누	팔팔고누, 넉줄고누, 문살고누, 바퀴고누	참고누

　고누는 말을 움직이는 놀이방법에 따라 이동형, 포위형, 따기형, 혼합형으로 구분한다. 이동형은 포석되어 있는 놀이말을 특별히 정해진 지점으로 움직여 도착하면 이기는 고누이다. 이사고누가 대표적인 이동형 고누인데, 상대말을 죽이지 않기 때문에 평화형 고누놀이라고 한다.

　포위형도 이동형처럼 상대말을 따지는 않지만 꼼짝 못하게 만들면 이기는 고누놀이이다. 포위형은 말 그대로 상대말을 가두기 때문에 평화형이라고 하지는 않는다. 고누놀이 가운데 가장 기초적인 우물고누와 호박고누, 수박고누 등이 속한다. 상대말을 많이 따면 이기는 따기형 고누놀이는 격마형, 전투형 고누라고 한다. 팔팔고누, 넉줄고누, 문살고누 등 가장 많은 종류가 이 유형에 속한다.

　모든 고누놀이의 왕이라 부르는 고누는 참고누이다. 여러 고누들은 실물이 남아 있지 않지만 참고누판은 남북국시대부터 시작하여 고려시대, 조선시대 문화공간, 바위유적 등 곳곳에서 발견된다. 이는 참고누가 그만큼 대중적으로 유행하였다는 것을 반증한다. 참고누는 유형

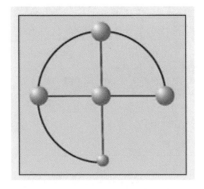

가두기형 : 우물고누

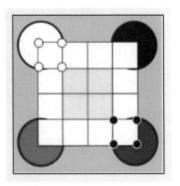

따기형 : 바퀴고누

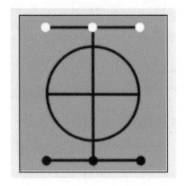

가두기형 : 호박고누

으로 본다면 전반전에 각각의 말을 포석하면서 상대말을 따내는 격마형이다. 후반전에는 말을 이동하여 격마하는 전투형이다. 바둑이나 장기보다 복잡하지 않으면서 겨루는데 상당한 긴장감을 주기 때문에 남녀노소 모두가 즐겨하는 고누놀이가 바로 참고누놀이이다.

고누의 문헌자료

고누는 주로 아동들이나 서민들이 즐겨 놀았기 때문에 문헌자료는 그리 많지 않지만, 고누의 역사성과 전승과정을 이해하는데 그다지 부족함은 없는 편이다. 우선 고려 중기인 12세기경에 강좌7현으로 알려진 임춘이 쓴 가전체 전기인《공방전(孔方傳)》에 "공방은 때로는 동네의 나쁜 소년들을 따라다니면서 바둑을 두고 격오(格五)를 일삼았다"고 하여 고누를 격오(格五)로 표기하였다.

임춘 임서하집 표지 :
공방전은 6권에 수록됨

1802년에 유학자인 이가환이 초고를 쓰고, 아들 재위가 이를 체계적으로 분류하고 정리하여 엮은 물보(物譜)라는 어휘집이 있다. 세상의 잡다한 물건의 이름을 한자로 적고 그 아래 한글로 우리말 이름을 기록하였는데, 박희편(博戲篇)에 격오(格五)를 우물고노(우물고누)라고 하였다.

조재삼이 1855년에 쓴《송남잡지(松南雜識)》세시류에도 우물고누를 기록하였다. 송남잡지는 천문, 인사, 동식물 등의 다양한 부분을 세목별로 나누어 그와 관련된 세부 사항을

이가환 물보 목록

모아 수록한 백과사전식 문집이다. 그 책에
서는 우물 정(井)과 고누의 음차인 곤오(困五)
를 합하여 정곤오(井困五)라고 하였다. 정곤
오는 우물고누를 말한다.

끝으로 《한양세시기(漢陽歲時記)》를 들 수
있다. 조선 후기의 문인이자 화가였던 권용
정이 1849년에 읊은 세시기이다. 정월 초하
루부터 섣달 그믐날까지 32개 항목을 설정
하여 직접 관찰한 한양의 풍속과 놀이에 대
한 기록인데, 고누를 그대로 음차하여 고루(高壘)라고 하였다.

조재삼 송남잡지 표지

권용정 한양세시기 표지

역사 속의 고누 기록

고누의 길, 발해의 참고누

고누는 남북국시대인 남국의 후기 신라와 북국의 발해에서 모두 놀았던 전통놀이의 하나이다. 남쪽 칠곡에서 북쪽 염주에 이르는 광활한 지역에서 놀이판의 유사성이 보이고, 주로 성곽이나 궁궐, 사찰 등의 동일한 건축현장에서 발견된다는 것은 발해의 고구려 계승성과 삼국시대 사람들의 문화양상의 동일성을 확인시켜주는 소중한 역사자료이다.

발해시기 사람들이 즐겼던 참고누 판이 발견된 크라스키노 발해성은 5경 15부 가운데 동경용원부 염주에 위치한 해안성이다. 사방의 길

러시아 연해주 크라스키노 : 출처, 구글지도

크라스키노성 : 출처, 나무위키

발해 참고누판 : 크라스키노성 출토

이는 2Km정도이고 우리 민족의 대표적 문화인 성곽의 옹성과 치가 있고, 주거지에는 온돌이 나타나고 있어 고구려의 역사적 힘과 문화의 영향력이 이곳까지 광범위하게 퍼져 있음을 확인할 수 있으며, 고누판의 발견으로 더욱 설득력을 갖는다고 볼 수 있다.

고누의 길, 신라의 참고누

송림사는 경북 칠곡의 팔공산 자락에 위치한 9세기경 후기 신라 시대의 고찰이다. 고려시대에 이르러 몽골의 제2차 침입 시에 부인사의

신라 참고누판 : 경북 칠곡 송림사 출토

송림사 : 경북 칠곡군

송림사 5층전탑 :
경북 칠곡군 송림사

초조대장경이 전소되었는데 안타깝게도 송림사도 이때에 경내 전각이 모두 불에 타고 전탑만이 살아남아 꿋꿋하게 그 자태를 뽐내고 있을 뿐이다.

1959년 해체수리과정에서 전돌에 새긴 고누판이 발견되었는데 이는 우리나라 고누판 실물 가운데 가장 연대가 이른 시기의 참고누판이다. 이 고누판이 역사적 의미에서 중요한 것은 발해와 신라가 동일한 놀이문화권에 속한다는 것을 증거해 주는 실물자료라는 사실이다.

발해의 동경용원부 염주 크라스키노성에서 출토된 고누판과 함께 칠곡의 송림사 5층전탑 고누판은 남북국시대에 광범위하게 노동현장에서 즐겨 놀았던 놀이라는 점과 더불어 두 나라간 놀이문화 공통성과 남북국의 문화적 동질성을 확인할 수 있는 소중한 역사자료이다.

고려의 참고누

후기 신라와 발해의 노동현장, 전투현장에서 주로 발견된 참고누판은 남북국이 동일한 놀이문화권이라는 사실을 보여준다. 이런 고누놀이는 고려시대 노동현장, 전투현장으로 이어지고 있다. 이를 통해 고려는 남국 신라와 북국 발해의 문화적 전통을 계승하고 있다는 것을 알 수 있다. 고려시대 주요한 고누놀이판은 1)고려 개경 궁궐인 만월대, 2)황해도 봉천군 원산리의 청자가마터, 3)제주 항파두리성에서 발견되었다.

고려, 개경 궁궐 만월대

고려의 황궁인 만월대에서는 2점의 참고누판이 발견되었다. 한 점

개성 만월대 : 출처, KT이미지코리아   네줄 참고누 : 개성 만월대 출토

은 보통의 3개 사각형의 24점 고누판이고 다른 한 점은 4개 사각형의
32점 고누판이다. 이는 궁궐을 쌓는 공인들이 쉬는 시간을 이용하여
고누놀이를 즐겼음을 알 수 있다.

고려, 제주 항파두리성 고누판

제주의 항파두리성은 삼별초가 마지막으로 몽골에 저항한 항몽유적
지로, 대궐터를 비롯하여 여러 곳에서 5점의 참고누판이 발견되었다.
공인들이 즐겼는지, 잠시 휴
식을 즐기는 병사들이 두었는
지는 모르나 고려시대는 남북
국시대와 마찬가지로 멀리 개
성에서부터 제주도까지 고누
문화권이었다는 것을 확인할
수 있다.

항파두리성

조선의 참고누

남북국시대와 고려시대에 이어 조선시대에도 많은 참고누판이 발견
되었다. 주로 서원이나 정자의 마루판에서 발견되어 학동들이 놀았다
는 것을 미루어 짐작할 수 있다. 고려시대에는 노동현장, 전투현장에서
발견되어 노동자들, 병사들이 많이 놀았다는 것을 확인하였다. 이로부
터 유추할 수 있는 사실은 참고누가 어린이부터 어른까지, 전국에서 유
행했다는 것을 알 수 있다. 이른바 우리나라는 참고누 문화권의 중심이
란 사실이다. 고누놀이는 우리 겨레의 민족정체성을 보여주는 또 하나
의 문화징표라 할 수 있다.

조선, 전주 풍남문(호남제일문) 2층 마루의 고누판

전주 풍남문은 전주부성의 정문이다. 중국 한나라를 세운 유방의 고
향이 풍패(豊沛)이다. 이곳은 조선을 건국한 이성계 가문의 시작이다.

전주 풍남문

풍남문 참고누판

그래서 전주를 풍패라고도 불렀다. 풍남문은 풍패성의 남문이란 뜻이다. 풍남문 2층 마루에 오르면 참고누판을 볼 수 있다. 보초를 서는 병사들이 휴식 시간에 참고누를 두며 여가를 즐겼으리라 생각한다.

조선, 담양 소쇄원 광풍각 마루의 고누판

담양 소쇄원은 왕산정, 한정과 같은 조선시대의 선비들이 은퇴를 하거나 고향으로 귀거래하여 수신을 행하던 공간이다. 조선시대 정자문화, 선비들의 은거문화, 유배문화가 깃들어 있는 공간이다. 조선시대 후기에 이르면 선비들의 교류공간을 넘어 글공부를 하러 오는 학동들의 학습공간으로도 활용된다. 이곳 광풍각 마루에 2개의 참고누판이 새겨져 있는데 이는 어른용이라기보다는 글공부를 배우러 온 학동들을 위해 새겨놓은 것으로 보는 것이 합리적이다.

담양 소쇄원 광풍각

광풍각 참고누판1   광풍각 참고누판2

조선, 임실 왕산정 고누판

정자는 선비들이 시를 읊고 공부를 하고 손님들과 담소를 나누는 휴식 공간인데 이런 곳에 고누판이 있는 것은 글공부를 하는 어린이나 그들을 위해 어른들이 고누판을 새긴 것으로 볼 수 있다. 조선시대 참고누판은 서원에서 주로 발견되는데, 어린 시절 서원에서 공부를 시작하

임실 왕산정   왕산정 참고누판

는 학동들이 책을 읽다 잠시 짬을 내서 참고누놀이를 즐겨 했다는 것을 알 수 있다. 전북 임실의 왕산정도 이런 이유로 참고누판을 너덜바위면에 새겼을 것이다.

조선, 정읍 무성서원 현가루 마루의 고누판

정읍 무성서원은 고운 최치원 선생을 모신 서원으로 1483년(성종 15년)에 창건되고, 1686년(숙종 22년)에 사액을 받은 유서 깊은 곳으로, 이곳 현가루 마루에도 참고누판이 새겨져 있다. 공부하던 학동들이 쉬는 시간에 놀았던 고누판일 것으로 생각한다. 전통놀이 가운데 판놀이는 사계절이 많은 우리나라 환경에 적합한 놀이이다. 더우면 그늘 아래, 마루판에서, 추우면 실내에 들어와 화롯불 주위에서 할 수 있기 때문이다. 참고누 문화권의 형성은 이러한 판놀이의 자연환경이 만든 문화유산이다.

정읍 무성서원

무성서원 참고누판

조선, 그림으로 보는 고누판

김홍도(1745-?)의 그림 〈고누놀이〉는 18세기 후반에 제작된 것으로 알려진다. 현재 국립중앙박물관에 소장되어 있다. 그림의 제목은 일본 민속학자인 무라야마 지준이 '지기지도(地碁之圖)'라고 이름 붙인 뒤 그대로 사용하고 있고 현재 교과서에도 그대로 수록되어 있다.

하지만 2008년 당시 장장식 국립민속박물관 학예연구관은 이 그림에 대해 윷놀이로 제목을 바꿔야 한다고 주장했다. '둥근 원형 안에 작은 물건 4개가 보이는데 이는 윷일 수 있다. 윷은 꼭 나무로 길게 만든 것이 아니어도 된다'며 이 그림은 윷판으로 보인다고 주장했다. 또한 강명관 부산대 한문학과 교수도 같은 생각을 주장했다.

김홍도 밤윷그림

참고누의 놀이방법

───

참고누는 전반전과 후반전이 있으며, 놀이유형도 포석과 따내기, 이동과 따내기가 혼합되어 있는 판놀이이다. 모든 고누 가운데 놀이판의 형태가 복잡하고, 놀이방법의 난이도도 가장 높다. 아울러 승부예측도 쉽지 않기 때문에 더욱 인기를 끌었으며, 오랜 시간 유행이 식지 않았다.

참고누 놀이판의 구성

참고누는 내선, 중선, 외선의 4각형을 바탕으로 각 선의 꼭지점을 연결하는 4개선, 사각의 각 면의 가운데서 연결하는 4개선 등 모두 8개의 선으로 이루어진다. 각 선에는 3개의 교착점이 생기므로 참고누판의 교착점은 모두 24개이다

참고누판(외선, 중선, 내선 3선과 교착점 24개)

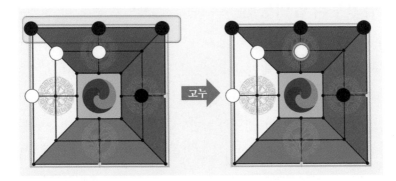

표식말을 두는 방법

참고누는 각각 두 편으로 나누어 승부를 겨룬다. 전반전에 포석을 하기 때문에 상대말을 격마하지 않으면 놀이말은 최소한 각각 색이 다른 12개가 쓰인다. 그런데 전반전에 포석을 두면서 상대말을 따내면, 따낸 자리에 표시를 해두어야 하므로 표식말 5개에서 8개 정도가 필요하다. 두 편이 홍색말, 청색말을 쓰면 표식말은 황색말로 구분하여 사용하면 된다.

참고누의 놀이방법

(가) 참고누의 말은 청돌(청색말)과 홍돌(홍색말) 각 12개, 또는 흑돌(흑색말)과 백돌(백색말) 각 12개가 필요하다. 그리고 따낸 자리를 표시하는 표식말로 5개에서 8개를 준비한다.

(나) 쟁선(爭先)은 선 정하기이다. 가위바위보나 홀짝으로 정한다. 참고누는 선이 유리하기 때문에 처음 두는 자리는 외선의 꼭지점이 아

닌 가운데 4곳 중 한 곳에 두고, 그 다음 상대편은 어느 곳이든 놓을 수
있다.

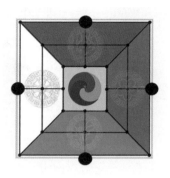

선이 처음 두는 중간점 4곳

(다) 참고누의 겨루기는 전반전과 후반전으로 나눈다. 전반전은 말을
놓는 겨루기이고, 후반전은 말을 움직이는 겨루기이다. 전반전 겨루기
가 시작되면 서로 번갈아 가면서 말을 놓는다.

(라) 먼저 동서, 남북, 사선, 관통선 어느 선이든지 그림과 같이 일직
선 3점을 나란히 놓으면 '고누' 하는 소리와 함께 상대의 말 하나를 떼
어내고 그곳에 표식말을 놓는다. 더 이상 둘 곳이 없으면 전반전이 끝
난다. 승부는 후반전에서 결정난다.

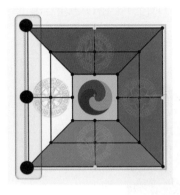

외곽선 : 3점잇기

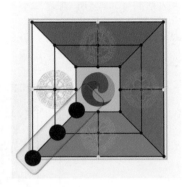

사선 : 3점잇기

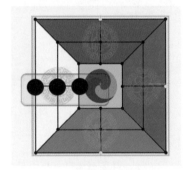

관통선 : 3점잇기

(마) 전반전 끝수를 둔 사람은 후반전에 후수가 된다. 후반전 겨루기
는 표식말을 떼어내고 빈자리로 말을 움직이며 승부를 낸다. 승패의 열
쇠는 후반전에서 결정된다. 말을 이동하여 전반전처럼 일직선 3점 '고
누'를 만들면 상대방의 말을 따내고, 표식말은 쓰지 않는다.

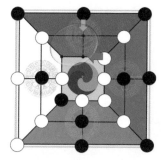

후반전의 시작

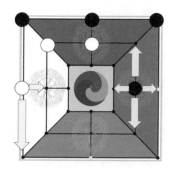

말의 이동방향

(바) 말을 움직여서 상대의 말을 떼어내고, 상대말 2개가 남으면 승부가 끝난다. 전반전에서 서로의 겨루기가 팽팽하여 일직선 3점 '고누'를 만들지 못해 표식말을 놓을 수 없고, 말을 움직일 수 있는 점이 없으면 무승부가 된다. 서로 3점 이상이 남았는데 승부를 낼 수 없는 상황이 되는 경우에도 무승부로 한다.

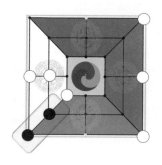

끝내기

쌍륙놀이,
주사위 두 개가 만드는 변화

이정희
leejh9705@naver.com
전통놀이 지도사범
문화유산전문해설사

허희선
hhs2116@hanmail.net
도서관 전래놀이 지도강사
전통놀이 지도사범

쌍륙은 우리나라, 중국, 일본을 포함하여 세계적으로 행해지는 놀이. 놀이하는 방법이나 규칙, 도구의 형태에 따라 쌍륙(雙六), 악삭(握槊), 상륙(象陸), 십이기(十二棊), 육갑(六甲), 선채(選朵), 장행(長行) 등으로 불린다. 가장 널리 쓰이는 놀이의 이름은 쌍륙이다. 이는 놀이윷으로 쓰는 주사위가 2개이고, 주사위의 가장 높은 숫자가 6이라서 두 개를 합해서 쌍륙(雙六)이라고 명명한 것이다.

쌍륙(雙六)	악삭(握槊)	상륙(象陸)	십이기(十二棊)
육갑(六甲)	선체(選朵)	장행(長行)	백개먼 (backgammon)

쌍륙의 여러 이름

쌍륙은 저포와 함께 판놀이의 쌍벽을 이룬다. 묘하게도 바둑과 장기가 짝을 이루며 유행하였고 골패와 투전이 도박으로 세상을 떠들썩하게 만들었는데. 쌍륙도 저포와 더불어 역사에 많은 이야기를 남겼다. 특히 쌍륙은 두 개의 주사위가 만드는 윷사위의 다변성으로 많은 이들에게 더욱 인기를 끌었다.

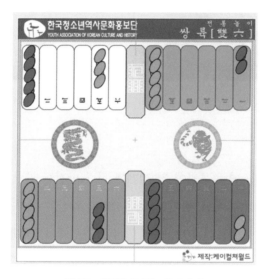

쌍륙판 : 한국역사인문교육원 제작

쌍륙(雙六)의 기원

쌍륙의 가장 오랜 실물로는 서기전 3천년경에 바빌로니아 아브라함 성지에서 발견된 것이 있으며, 나일강, 그리스, 로마제국시대의 여러

유적에서도 발견되었다. 중국의 문헌에 따르면 동아시아에서 유행한 쌍륙은 페르시아지역(胡國：호국)에서 전해진 것으로 알려져 있다.

수메르 쌍륙판 : 서기전 2,500년경   이집트 쌍륙판 : 로마시대 나일강변

쌍륙은 수천 년을 통하여 전 세계에 걸쳐 발전해 왔기 때문에 시대와 나라에 따라 놀이판, 놀이말, 놀이방법에 약간의 차이가 있다. 그런데 근대시기에 이르러 1920년경 미국과 유럽에서 '백개먼(backgammon)'이라는 이름으로 현재의 규칙이 자리 잡기 시작하였다. 1931년에는 국제규칙이 제정되었으며, 1964년에 첫 세계선수권대회가 개최되었다. 그렇지만 한국, 중국 등 동아시아에서는 국제규칙인 백개먼보다 전통적 쌍륙놀이가 행해지고 있다.

쌍륙(雙六)의 전래

쌍륙이 동아시아에 언제 전해졌는지 정확한 시기는 불분명하지만, 《오잡조(五雜俎)》, 《삼재도회(三才圖會)》 등의 중국문헌에 따르면 서역(西域) 호국(胡國)의 놀이로 소개하고 있다. 호국이란 당나라 시기에 실크로드 무역을 주관한 상인 종족인 소그디아나(Sogdiana)의 여러 나라를 일컫는다.

그리고 다른 기록인 불교의 《열반경(涅槃經)》에는 파라새(波羅塞)의 놀이라고 하였는데, 이는 페르시아(현재 이란)를 말한다. 따라서 쌍륙은 중앙아시아, 또는 북(北)인도에서 실크로드를 따라 무역상이나 승려들에 의해 전해진 것으로 추정할 수 있다.

중국 송나라 시기에 홍준(洪遵)이 지은 《쌍륙보(雙六譜)》에는 쌍륙의 종류로 북쌍륙(北雙六), 광주쌍륙(廣州雙六), 대식쌍륙(大食雙六:로마쌍륙), 평쌍륙(平雙六), 타간쌍륙(打間雙六), 칠량쌍륙(七梁雙六), 불타쌍륙(不打雙六), 불쌍륙(佛雙六), 하찬쌍륙, 삼퇴쌍륙(三堆雙六), 남피쌍륙(南皮雙六), 일본쌍륙(日本雙六), 삼양쌍륙(三梁雙六) 등이 전해지고 있어 상당한 유파와 세계적 유행을 알 수 있다.

쌍륙보 : 홍준의 저작

서역쌍륙

중국쌍륙

쌍륙(雙六)의 문헌자료

쌍륙에 관한 가장 정확한 기록은 북송시기(960-1127)의 학자인 안수가 지은 《류요(類要)》이다. 안수(晏殊: 991-1055)는 북송시기 강서성 무주의 임천 출신으로 송나라 최초로 어린이에게 과거시험을 치룬 동자(童子) 고시에 합격하여 동진사출신(同進士出身)이라는 칭호를 받는 대학자이자 문학가이다.

안수의 《류요》

쌍륙은 처음 천축(인도)에서 비롯되었는데, 이는 곧 열반경에 나오는 페르시아 놀이이다. 삼국 시기(220-280)에 조조의 위나라(220-265) 황초(黃初) 년간(220-226) 초기에 중국에 유입이 되었다.

雙六始自天竺, 卽涅槃經之波羅塞戲. 三國魏黃初間流入中國.

－《류요(類要)》, 북송시기(960-1127) 안수(991-1055)

안수는 집현전 학사, 동평장사 겸 추밀사, 병부상서와 같은 요직을 두루 지냈으며, 그의 문하생으로 송대 개혁가인 범중엄이 있고, 발탁한 인재로는 대학자로 명성을 떨친 한기(韓琦), 구양수(歐陽修)가 있다. 안수는 쌍륙이 인도에서 시작하여 페르시아를 거쳐 서기 3세기 초에 중국으로 유입된 것으로 보았다.

안수(991-1055) :
쌍륙 원전《류요》의 저자

장행경 : 청나라시기
공계함(1739-1784)의 저자

《장행경》, 《당국사보》 인용

지금의 판놀이 가운데 장행(長行)이 가장 유행한다. 그것의 도구에는 말판, 말이 있는데, 말은 검은색, 누런색 각각 15개씩이다. 윷사위에 쓰이는 주사위는 2개이다. 그 놀이방법은 악삭에서 나왔으며, 쌍륙으로 변형되었다. 후대에 사람들이 새로운 생각으로 장행을 만들었다.

今之博戏，长行最盛。其具有局有子，子黑黄各十五。掷采之
骰有二，其法生于握槊，变于双陆。后人新意长行出焉.

　　– 〈장행경, 당국사보 인용〉, 청나라 시기 공계함(1739-1784)

　　쌍륙의 원전인 장행경(長行經)에서는 당나라 이조의 당국사보를 인
용하여, 쌍륙이 장행(長行)으로 발전하였다고 전한다. 문헌기록에 따르
면 쌍륙의 기원은 악삭이다. 악삭이란 윷을 쥔다는 놀이방법에서 온 말
이다. 이 악삭이 쌍륙으로, 쌍륙이 장행으로 변화했다. 장행(長行)이란
이름의 어원은 명확하지는 않지만. 원행이란 뜻으로 해석하면 (1)상인
들이 행상을 하면서 소일거리로 놀았을 가능성, (2)행(行)을 놀이의 뜻
으로 해석하면 많은 시간이 걸리는 놀이라는 가능성, (3)행(行)을 시장
의 의미로 본다면 오랫동안 저자에서 유행하였을 가능성 등을 유추할
수 있다.

역사 속의 쌍륙

백제의 쌍륙기록

　　우리나라에 쌍륙이 들어온 것은 백제시대로 추정한다. 《북사(北史)》
백제전에 보면 "백제에는 투호(投壺), 저포(樗蒲), 농주(弄珠), 악삭(握槊)
등의 잡희(雜戱)가 있다"고 하였는데, 여기에서 악삭이 쌍륙이다. 백제
의 쌍륙은 일본에도 전해져 "스고로쿠"가 되었고, 우리나라 쌍륙은 고

려-조선으로 이어져 오늘에 이른다.

《북사》 백제전의 저포기록

(백제의 풍속에…) 투호와 저포, 농주(구슬놀이), 악삭(쌍륙) 등의 여러 놀이가 있으며, 그 중에서도 바둑을 특히 좋아한다

有投壺摴蒲(樗蒲)弄珠握槊等雜戲, 尤尙奕棊

-《북사》, 백제전

백제의 쌍륙기록 : 북사

백제의 쌍륙기록 : 수서

《수서》 백제전의 저포기록

(백제의 풍속에…) 투호와 바둑, 저포, 악삭(쌍륙), 농주(구슬놀이)와 같은 놀이가 있다.

有... 投壺圍棊樗蒲握槊弄珠之戲

-《수서》, 백제전

전통놀이 가운데 저포, 쌍륙, 육박 등 여러 판놀이의 가장 강력한 무기는 문헌적 고증이다. 역사적 계승성과 더불어 문헌의 존재는 전승이 단절된 놀이를 언제든지 복원할 수 있다는 가능성 때문에 더욱 의미가 깊다. 쌍륙은 다행스럽게 단절이 일어나지 않았지만, 전승이 끊어진 저포와 육박은 문헌에 의해 다시 복원을 하여 현재 전승중이란 사실을 통해 문헌의 존재가 왜 중요한지 알 수 있다는 것이다.

신윤복의 쌍륙삼매(雙六三昧)

조선 후기에 혜원 신윤복(1758-?)이 그린 〈쌍륙삼매 : 쌍륙의 재미에 빠지다〉 그림을 보면 쌍륙은 한양도성에서 널리 유행하였다는 것을 확인할 수 있다. 그림의 오른쪽에 보면 그림을 설명하는 화제(畵題)가 있는데, 내용 가운데 기러기, 종소리 등을 통해 도성 안의 풍경과 계절, 시간을 알 수 있다.

쌍륙삼매(雙六三昧)

기러기 나르며 우는 소리 뚜렷하고

雁橫聲歷歷(안횡성력력)

발걸음 뜸하고 종소리 멀리 울리네.

人靜漏迢迢(인정누초초)

신윤복의 풍속도첩(국보 135호) 쌍륙삼매는, 기러기 날아가는 저녁 시간이 되는 줄 모르고, 해는 서산에 뉘엿뉘엿 져서 인적이 끊기고 멀

쌍륙삼매 : 신윤복(1758-1814경)

리서 성문 닫는 종소리가 울리는 시간이 되기까지 쌍륙의 재미에 빠져
있는 모습을 5언 2구로 화제(畫題)를 담았다.

쌍륙의 놀이방법과 규칙

　　쌍륙은 두 개의 주사위를 던져 쌍륙판에 있는 쌍륙말을 옮기기 때문
에 윷사위가 나올 경우의 수와 이에 따른 행마의 변화가 많아서 세계적
인 경기로 발전할 수 있었다. 전통적 판놀이인 윷놀이, 저포, 육박의 규
칙과 행마가 비슷하기 때문에 서로 비교하면서 배우고 익히면 쌍륙의
즐거움에 빠질 것이다.

쌍륙놀이에 꼭 필요한 용어

(가) 놀이판 : 쌍륙판, 말판이라고도 부르며 4개의 방과 방 하나에 6개의 밭이 그려져 있어 총 24개의 밭이 있다. 말판의 가운데 빈 공간에서 주사위를 굴린다. 지역에 따라서는 주사위를 던지는 윷판을 말판 밖의 면포 위나 그릇을 사용하기도 한다. 위치에 따라 출발지점에 속하는 방을 각각 상내방, 하내방이라 부르고, 그 외의 방은 각각 상외방, 하외방으로 부른다.

(나) 놀이윷 : 쌍륙은 놀이윷으로 정육면체 주사위 2개를 사용한다. 각 면에는 점으로 1에서 6까지를 표시한다. 또는 각 면에 숫자 1에서 6까지, 아니면 한자로 일(一)에서 육(六)까지를 새긴다. 편을 구분하기 위해 주사위의 표면색이 붉은색, 푸른색이면 더욱 좋다.

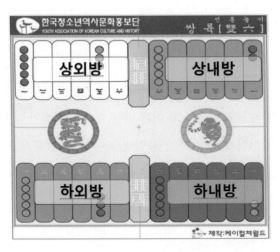

쌍륙 놀이판 : 방과 밭

쌍륙 놀이윷과 놀이말

(다) 놀이말 : 놀이말은 말(馬), 졸(卒) 또는 돌(石)이라 하며 색깔에 따라 붉은돌(홍돌), 푸른돌(청돌), 붉은 말(홍마), 푸른 말(청마)로 쓴다. 또는 검은 말이나 검은돌, 흰 말 또는 흰돌로 선 정하기를 부른다. 붉은돌은 홍군, 푸른돌은 청군, 검은돌은 흑군(黑軍), 흰돌은 백군(白軍)이 된다. 한국전통놀이학교에서는 홍색말(홍군, 홍편)과 청색말(청군, 청편)을 사용한다.

(라) 선, 발, 냥 : 놀이를 시작할 때 먼저 선 정하기를 하는데 이를 쟁선(爭先), 또는 '쟁두(爭頭)'라고 한다. 쟁두에서 나온 윷사위는 선을 정하면 없어진다. 놀이는 두 개의 주사위를 던져 3가지 경우의 수를 얻는데, 두 숫자를 합치거나 각각의 숫자만큼 말을 가면서(행마) 놀이가 시작된다. 말의 움직임을 '발(足)'이라 하며 발이 가는 단위를 '냥'이라 한다.

(마) 바리와 귀향마 : 밭에 홀로 있는 말을 '바리'라고 한다. 두 개 이상의 말이 있으면 잡을 수 없지만, 밭에 홀로 있는 상대편 말, '바리(單

騎馬:단기마)'는 잡을 수 있다. 말을 잡는 것은 '때린다', 잡힌 말은 '떨어졌다'고 하며 '잡힌 말' 또는 '귀향마(歸鄕馬)'라고 부른다. 혼자 있는 자기편의 말에 하나를 더하는 것을 '덮는다'라고 한다.

쌍륙놀이 포석(말놓기)

쌍륙놀이의 도구로는 말판(놀이판) 1개, 홍말(홍돌)과 청말(청돌), 또는 흑말(흑졸), 백말(백졸)을 각각 15개, 주사위 2개가 필요하다. 말판은 직사각형으로 시대와 지역에 따라 크기도 모양도 제각각이다. 방과 밭을 그린 모양은 삼각형, 사각형, 끝이 둥근 장방형 등 여러 가지가 있다. 그러나 방과 밭의 수와 말의 수, 말을 놓는 방식 등은 동일하다. 쌍륙은 말판에 말을 먼저 놓아 두는 포석형 놀이이다. 상내방을 푸른집으로 하고, 하내방을 붉은집으로 하는 경우의 말놓기(포석)이다. 말판에 그려진 대로 홍색말과 청색말을 각 밭에 놓는다.

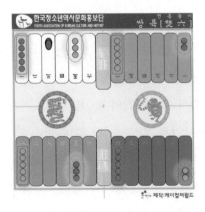

쌍륙놀이의 포석

행마(말 가기)와 윷사위

지역과 시대에 따라 규칙의 차이가 많기 때문에 국내대회나 국제대회를 위해서는 놀이규칙 표준안이 필요하다. 한국청소년역사문화홍보단(한청단)과 한국역사문화교육원, 연기향토박물관, 국립민속박물관, 한국콘텐츠진흥원(문화원형) 등 여러 기관이나 단체 등의 규칙을 참고하고, 역사문헌에 근거하여 표준안을 사용한다.

(가) 선을 정하는 방식, 쟁두는 각자 주사위 한 개씩을 던져 높은 숫자가 나온 사람이 먼저 한다. 쟁두에서 나온 윷사위는 선이 정해지면 그 효력이 사라진다. 새로 던져서 나온 윷사위로 출발한다.

(나) 행마는 2개의 주사위를 던져 각각 나온 수 대로 두 말을 움직이거나 두 수를 더해서 한 말을 움직일 수 있다. 이때 홍말과 청말은 각각 반대 방향으로 움직인다. 주사위를 던졌을 때 주사위가 윷판의 범위를 벗어나면 '낙'이라고 해서 그 패는 무효다.

윷사위 : 쌍수

윷사위 : 쌍륙

(다) 윷사위에서 두 개의 주사위를 던져 같은 수가 나오면 쌍수(雙數)라고 하며 여러 특혜가 주어진다. 한 밭에 두 개의 말이 있으면 두 개를 동시에 움직일 수 있다. 쌍륙의 경우에는 재투(再投)를 하고, 밭에 있는 어떠한 상대말도 하나를 잡아서 귀향마로 만든다. 후반전의 경우에는 자신의 숫자에 해당되는 밭의 말과 그 아래 말 하나를 빼낼 수 있다.

이동 : 말의 움직임

쌍륙놀이는 2개의 주사위를 던져 경우의 수가 3가지이다. 주사위 2개의 수가 다른 경우에 각각의 수만큼 말을 따로 움직일 수도 있고, 두 수를 합한 수만큼 말 1개를 움직일 수도 있다. 주사위 2개의 수가 같은 경우에는 말 2개가 함께 움직일 수도 있고, 두 수를 합한 만큼 말 1개를 움직일 수도 있다.

(가) 윷사위에 따라 말을 움직인다. 홍말은 상내방-상외방-하외방을 거쳐 15개 말을 하내방으로 옮긴다. 청말은 반대로 하내방-하외방-상

외방을 지나 상내방에 15개의 말을 넣는다.

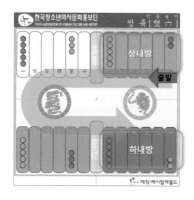
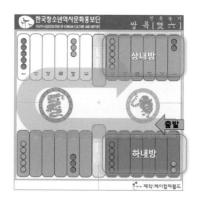

홍편의 이동방향   청편의 이동방향

(나) 4개방에는 각각 6개의 밭이 있는데, 각각의 밭에는 최대 5개의 말을 놓을 수 있다. 한 밭에 2개 이상의 말이 있으면 상대는 그 밭에 들어갈 수 없으며 격마도 할 수 없다. 한 밭에 말이 하나면 격마한다. 상대방도 같은 방식으로 내 말을 잡을 수 있다. 잡힌 말은 처음의 출발지로 돌아가 다시 행마를 시작한다.

(다) 상대방에 의해 잡힌 말은 출발지 밖으로 나가는데, 이 말이 다시 밭으로 들어갈 때까지 다른 말은 움직일 수 없다. 쫓겨난 말이 하나일 경우 주사위를 던져 나온 2개의 수 가운데 하나를 우선 놓고 다른 말을 움직일 수도 있다.

빼내기와 동나기(승점)

쌍륙은 자신의 15개 말을 모두 자기 색의 방으로 옮기고, 그것을 다시 빼내면 끝이 난다. 말을 옮기는 과정은 전반전, 말을 빼내는 과정은 후반전이다. 후반전에서는 마지막 말이 들어오기 전까지 자기 밭의 말을 움직일 수 있는데, 마지막 말이 들어오면 그때부터 모든 말은 움직일 수 없다.

(가) 내 말이 모두 내 밭에 들어와 후반전이 진행되더라도 상대방이 쌍륙을 내면, 나의 말 1개가 원래의 자리로 돌아가는 귀향마가 되면서 그 말에 한해서 전반전이 시작된다. 이때 빼내는 과정의 후반전은 귀향마가 내 방에 들어올 때까지 잠시 멈추게 된다. 귀향마가 돌아오면 이때서야 후반전이 속개된다. 완전히 동나기 전에 이런 경우가 몇 차례 올 수도 있다.

(나) 윷사위에 해당되는 밭에 말이 없으면 그 수는 허수가 된다. 만일 쌍수(雙數)가 나오면 쌍수에 해당되는 밭의 말을 두 개 빼내거나, 아

시민참여 쌍륙놀이

놀이연수 쌍륙놀이

실기실습 쌍륙놀이

니면 해당 밭의 말 1개와 아래 수의 밭에 있는 말 1개를 빼낼 수 있다. 그리고 쌍수에 해당되는 밭에 말이 없으면 그 아래 수 밭의 말은 2개가 아닌 1개만 빼낼 수 있다.

(다) 후반전에서 쌍륙이 나오면 아래 수에 해당되는 밭의 어떤 말이라도 빼낼 수 있어 동나기에 매우 유리하다. 또한 쌍륙이 나오면 나의 말을 빼는 것과 동시에 상대방 말을 하나 잡을 수 있다. 따라서 동나기 과정에서 쌍륙이 나오면 쌍륙에 의해 쫓겨난 상대편의 말은 처음부터 그 말에 한해서 전반전으로 출발해야 한다. 쌍륙이 나오면 패색이 짙더라도 역전도 가능하기 때문에 이 놀이의 이름을 특별히 "쌍륙"이라고 부른다.

쌍륙놀이의 동나기 규칙		
동숫자	1동나기	2동나기	3동나기
내편	내 말을 모두 빼냄		
상대편	말을 다 빼내지 못함	1개말도 빼내지 못함	1개말도 밭에 못들어옴

(라) 동나기는 말의 위치와 숫자에 따라 점수가 1동, 2동, 3동으로 각각 다르다. 1동은 내 말은 모두 나왔지만 상대방의 말이 다 나가지 못한 경우, 2동은 내 말은 모두 나왔지만 상대방 말은 다 들어왔으나 하나도 못 나간 경우, 3동은 내 말은 모두 나왔지만 상대방 말은 아직 자기 방에 다 들어오지도 못한 경우이다. 끝내기는 보통 세 판을 겨뤄 2동이 먼저 나면 이기는데 한판에 2동이나 3동이 나면 한판으로 승패가 나기도 한다. 현재에는 1동-3동의 동수를 계산하지 않고, 1판, 2판, 3판으로 구분하여 승패를 겨루기도 한다.

육박(六博),
동양 역(易)철학의 집대성!

김지혜
non_sool@hanmail.net
독서·역사논술 방과후 강사
전통놀이 지도사범

정분아
bunaj@naver.com
나르샤놀이살터 대표
전통놀이 지도사범

육박(六博)은 던지는 윷의 숫자가 여섯(6)이기 때문에 육박이라고 부른다. 저포(樗蒲)는 윷이 5개라서 오목(五木)이고, 쌍륙(雙六)은 주사위가 2개이기 때문에 붙혀진 이름이다. 이중에서 육박은 윷놀이와 더불어 동아시아의 철학사상이 놀이판에 구현된 대표적인 판놀이의 하나이다.

육박판 : 한국역사인문교육원 제작

육박(六博)의 기원

동아시아 최초의 우주관은 개천설(蓋天說)이다. 개천우주관에 의하면 하늘은 둥글고 땅은 네모나다. 이를 천원지방설(天圓地方說)이라고 하는데, 태극기의 괘상을 그린 복희와 인류를 창조하였다는 여와를 그린 복희여와도에 원과 네모를 그리는 도구가 쥐어져 있다.

복희여와도 : 국립중앙박물관 소장

복희여와도 : 규를 들고 있는 여와와 구를 들고 있는 복희

복희여와도의 고향 아스타나고분군 : 중국 신강성 투루판 소재

복희는 사람 얼굴에 뱀의 몸을 하고 있는데 태극기에 있는 팔괘를 그린 문화영웅이고, 여와는 사람 얼굴에 뱀의 몸을 하고 있으며 인류를 창조한 여신으로 그려져 있다. 이들 두 신은 남매로도 나오고, 부부로도 나온다. 여와는 원을 그리는 규(規)를 들고 있으며, 복희는 사각형을 그리는 구(矩)를 들고 있다. 육박놀이는 바로 개천우주관을 표현하는 전통놀이이고, 그 기원은 복희여와에 뿌리를 둔다.

역사 속의 육박 기록

중국의 육박(六博) 기록

육박은 고조선시기에 해당되는 중국의 상나라(은나라. BC 1600-1046

년) 시기에 아주 유행하였다. 역사기록에 의하면 상나라의 마지막 임금인 주(紂)는 천신을 나무로 깎아 세우고 그와 육박을 하였는데, 천신이 나무인 관계로 사람을 시켜 대신하도록 하고서 천신이 지면 채찍으로 천신을 때리면서 욕을 보였다는 기록이 《사기》 은본기에 있다.

상나라시기 육박의 기록

무을(武乙)왕이 포학무도하여 나무 인형을 만들어 천신(天神)이라 불렀다. 천신과 내기 박(博:육박)을 했는데, 다른 사람에게 천신을 대신하여 두도록 했다. 천신이 지면 곧 그를 모욕하였다.

帝武乙無道，為偶人，謂之天神。與之博，令人為行。天神不勝，乃僇辱之

－《사기》 본기 권03. 은본기 28. 무을(武乙)

육박의 기록은 고대 여행소설의 하나인 《목천자전》에도 등장한다. 목천자전은 진(晉)나라 대강(大康) 2년(281)에 발견되었으며, 서주(西周)의 목왕이 서쪽지역을 여행하며 겪는 신이적이고 환상적인 이야기가 주요한 내용인데, 여기서도 육박이 등장한다.

《목천자전》의 육박기록

무술일에 천자는 서쪽으로 노닐며 숲속에서 사냥하니 바야흐로 초목이 시들어 떨어지는 계절이라. 천자는 산택지기에게 수풀을 베고 덤

불을 제거하여 백성늘이 쓸 수 있게 하였다. 이 날 천자는 북쪽으로 병 나라에 들어가 정공(井公)과 육박놀이를 하였는데 사흘이 지나서야 결 판이 났다.

戊戌　天子西遊　射于中图方落草木鮮。命虞人掠林除藪，以爲 百姓材．是日也，天子北入于邢　與井公博三日而決。

－《목천자전》, 육박

육박은 그후 유학이 번영하던 한나라(BC 206-AD 220), 당나라(618-907), 송나라(960-1279)시기에 가장 유행하던 놀이의 하나였다. 이는 육박판이 고대 동양 역학(易學)의 수리개념, 상수개념을 담고 있기 때문에 이 놀이를 통해 우주관, 천문, 철학을 교육하려는 의도가 담겨져 있기 때문으로 여겨진다.

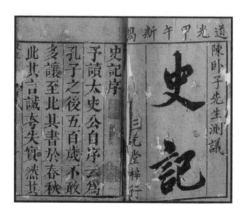

사마천 사기(史記) : 은본기 무을편에 육박기록이 나옴

목천자전(穆天子傳) : 주나라 목왕의 육박기록이 나옴

한나라 시기의 화상석 : 육박을 두고있는 그림

중국의 육박[六博] 유물

육박의 원전은 육박보, 육박기보 등 2종이 있고, 육박의 실물은 호남 장사 마왕퇴 등 2곳 이상의 유적지에서 출토되었다. 또한 육박의 놀이 판인 박국경(博局鏡), 방격규구사신경(方格規矩四神鏡)은 한국과 중국의 박물관에 숫자를 헤아릴 수 없을 정도로 많이 소장되어 있다.

우선 육박문헌으로는 명나라 시기의 대학사인 도종의(1321-1407)가 편집한 설부(说郛)의 속집(후대에 편입)에 반지항(潘之恒: 1546?-1621)이 지은 육박보(六博譜)를 인용한 것이 있고, 2016년에 발견된 중국 강서성 남창의 서한(전한시대) 해혼후묘에서 육박기보(六博棋譜)가 포함되어 있다는 사실이다.

육박보 : 반지항(潘之恒: 1536-1621)

육박기보 : 해혼후묘유적 출토

육박도구 전체 : 호남 장사 마왕퇴유적 출토

사각형 목제 육박판 : 마왕퇴유적 출토

　육박의 완전한 놀이도구는 중국의 호남성 장사 마왕퇴 한묘에서 출
토되었다. 이때에 처음으로 동경(銅鏡)의 육박판이 사각형의 나무판으
로 변경되고, 6개의 윷이 14면 주령구로 바뀌었다. 이는 청동거울이 구

하기도 쉽지 않고, 그때까지 육박은 신전의 점복을 치는 도구였지만, 4명이 두는데 사각형이 편리하고, 6개의 윷은 승부를 결정짓는 경우의 수가 너무 희박하게 나와서 경우의 수가 모두 7분의 1이 되는 14면 주령구로 바꾼 것이다.

한국의 육박(六博) 기록

육박이 우리나라에서는 언제 유입되었는지 기록은 없지만, 김해의 대성동고분군, 양동리고분군, 평양의 낙랑구역 정백동유적에서 육박판이 새겨진 방격규구사신경이 출토되었다는 고고학적 유물을 근거로 든다면 고조선시기에 이미 유행하였을 것으로 추정한다.

우리나라에서 육박을 두었다는 최초의 문헌적 기록은 이규보의 《동국이상국집》이다. 그가 남긴 시에 육박을 두었다는 기록이 있다. 또한 국립중앙박물관의 고려실에도 육박이 새겨진 동경(銅鏡)이 전시되고 있어 고려시대 후기에도 여전히 육박이 전승되고 있는 것을 확인할 수 있다.

이규보의 시에 기록된 육박

전이지(全履之)의 집에서 술이 매우 취하여 시를 입으로 부르면서 이지에게 바로 받아 벽(壁)에 쓰도록 하다.

〈전략〉

나 백운거사도 본시 미친 사람으로 / 白雲居士本狂客

십여 년 동안 하는 일 없어 / 十載人間空浪迹

술 취해 노래 부른들 누가 뭐라 하리 / 縱酒酣歌誰復訶
한 평생 마음대로 즐기고 노닐며 / 一生放意聊自適
창기(倡妓) 가운데서 천 잔을 들이키고 / 倡兒叢裏倒千盃
협객 모임에서 육박을 겨루었지 / 俠客場中爭六博
〈후략〉
이규보,《동국이상국전집》제5권 / 고율시(古律詩) 44수

조선시대에도 육박놀이는 여전히 존재하였다. 《조선왕조실록》의 선
조 25년 임진(1592)년 12월 23일(기유)의 기록에 보면 심희수가 이여
송의 군영에서 그가 육박을 두고 있는 모습을 선조에게 아뢰는 장면이
기록되어 있다.

《조선왕조실록》의 육박 기록

심희수가 봉황성에서 돌아오자 인견하고 중국군의 형편, 군량 조달
을 의논하다

심희수는 아뢰기를,

"신은 단지 이성량(李成梁)에 대해서만 들었지 여송(如松)의 위인이
어떤지는 알지 못합니다. 그러나 영하(靈夏)에서 성공한 후에 위명(威
名)이 크게 떨쳐졌다 합니다. 유동양(劉東暘)을 정벌할 때에 천하의 힘
을 다하였는데 허다한 장관(將官) 가운데서 특별히 이여송을 보낸 것은
반드시 까닭이 있어서일 것입니다. 다만 군사를 이끌고 변방에 나와 적
과의 싸움을 앞두고 친구와 더불어 육박(六博)을 두고 있으니 적을 두

려워하는 뜻이 없는 듯합니다.

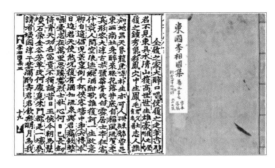

동국이상국집의 육박기록 : 이규보(1168-1241)

조선왕조실록의 육박기록

옥담사집의 육박기록 :
이응희(1579-1651)

문곡집의 육박기록 :
김수항(1629-1689)

17세기에 이응희(李應禧, 1579-1651)가 지은 시문집《옥담사집》만물
편(萬物篇) 기국류(技局類)라는 시문에서도 역시 육박이 등장한다. 일부
의 민속학자나 국문학자는 이를 그냥 주사위놀이로 해석하는데, 문자
그대로 육박으로 보아도 무방하다.

이응희의 육박 기록

옥담사집, 만물편(萬物篇) 기국류(技局類)

육박은 어느 때 만들어졌는가 / 六博成何代

다투어 즐김은 온 세상이 다 같다 / 爭趣擧世同

마음을 모아 오백을 기원하고 / 潛心祈五白

힘껏 던지며 삼홍을 외치누나 / 奮臂叫三紅

화각 소리 울리는 한가한 밤동네 / 畫角閑宵洞

높은 누각에서 긴긴 날 마치도록 / 高樓永日終

이기고 짐이 비록 아무 소용 없지만 / 勝敗雖無補

낮잠을 자는 것보다는 나으리 / 賢乎晝寢濃

김수항이 1702년에 편집한《문곡집》의 묘표 12수 가운데 외조카인 이익견의 묘표(墓表)에도 육박놀이가 기록되어 있으며, 조선 후기의 학자인 남공철(南公轍：1760-1840)은《금릉집(金陵集)》에서 "나는 어린 시절에 점간(黏竿：대나무), 실솔(蟋蟀：귀뚜라미), 육박(六博), 격구(擊毬)의 놀이를 즐겨 하였다"고 하였다. 여기서 육박이 주사위를 뜻하여 쌍륙이라는 이야기도 있지만 문자 그대로를 해석하여 육박으로도 볼 수 있다.

문곡집 제20권 / 묘표(墓表) 12수

생질 이익견 묘표[李甥益堅墓表]

고(故) 목사(牧使) 이공(李公)은 휘(諱)가 정악(挺岳)이며, 뒤에 이조 참판(吏曹參判)에 추증되었다. 그의 아내 김 부인(金夫人)은 우리 큰누이이다. 모두 5남을 낳았으니, 그 넷째가 익견(益堅)이다. 그는 태어날 때부터 깨끗하고 밝으며 단정하고 영특하면서 신묘한 슬기가 있었다. 5세 때 육박(六博 주사위놀이)을 잘 놀아 어른과 대국했는데, 육박을 전문으로 하는 사람이라 하더라도 지는 경우가 많았다.

중국에서 출토된 여러 육박경

육박(六博)과 동양천문

개천우주관을 그린 육박판은 대부분 동경(銅鏡)에 새겨져 있다. 동경의 공식적인 명칭은 '방격(方格) 규구(規矩) 사신경(四神鏡)'이다. 이를 간략하게 줄여서 육박경(六博鏡), 박국경(博局鏡)이라고 부른다. 현재 우리나라 박물관에 소장되어 있는 대표적인 육박경은 국립중앙박물관 전시 3점이고, 김해의 대성동고분군과 양동리고분군, 공주 무령왕릉, 경주 황남대총 등에서도 출토되었다. 국립중앙박물관 전시 3종은 낙랑실, 가야실, 고려실이다.

낙랑국 육박경 : 평양 정백동유적,
국립중앙박물관 낙랑실

백제 육박경 : 공주 무령왕릉

가야 육박경 : 김해 대성동 고분군

고려 육박경 :
국립중앙박물관 고려실

윷놀이가 천문우주관을 담고 있듯이, 육박도 동양의 역철학을 놀이판에 구현하였다. 가운데 (1)원은 태극을 상징하고, (2)육박경 외곽의 둥근 원(네모 칸)과 중앙의 네모 칸은 개천우주관의 천원지방이다. 또는 천지와 내극선을 천원지방(天圓地方)으로 보기도 한다.

기호인 T형은 4방과 4상과 4시(4계절)를, ㄱ형은 8방과 8괘와 24절기를 의미한다. 무령왕릉에서 출토된 동경에는 4각형의 12개 돌기에 12지가 한자로 새겨져 있어 12개월, 12시진을 나타내고 있다.

개천우주관 : 천원지방설을 바탕으로 하는 우주모형

육박의 개천우주관 : 중앙의 원과 밖의 사각

육박의 놀이방법

———

육박은 윷놀이와 유사하고, 저포, 쌍륙의 원형에 해당되는 판놀이이다. 동양의 역철학을 배우는 묘미도 있지만, 윷사위에 따라 변화가 많고, 이에 따라 승부와 판세가 뒤집혀지는 것이 다반사이다. 더욱이 윷사위 가운데 허수에 해당되는 무백(無白)이 없으면 동이 날 수 없다는 놀이방법은 도가사상의 쓸모없는 게 가장 쓸모가 된다는 무용지용(無用之用)의 철학이 담겨 있어 놀이철학이 의미가 남다르게 다가온다.

육박판의 구성과 윷사위

(가) 육박의 도구는 놀이판(板), 놀이윷, 놀이말(梟:효와 散:산), 어(魚)로 구성된다. 놀이판은 본래 거울에 새겨져 있어서 육박경, 박국경, 방격규구사신경 등으로 부르지만, 여기서는 편의상 놀이판, 육박판이라고 부른다. 그리고 물고기 어(魚)는 동이 날 때 표시하는 도구이지만 현

육박판 : 원형 청동거울에서 목제 사각형으로 바뀜

실세계에서 승패와는 관계가 없기 때문에 굳이 없어도 무방하다. 원래의 규정에는 2마리의 물고기를 얻으면 승리한다.

놀이말 효(梟)

놀이말 산(散)

놀이윷 : 14면 주사위

(나) 놀이윷은 6개이다. 윷이 6개라서 육박(六博)이란 이름을 얻었다. 6개의 윷을 던지면 7개 경우의 수가 발생하는데, 승패를 결정하는 전백과 무백이 나올 확률이 너무 낮아 승부에 오랜 시간이 걸렸다. 그래서 현재는 모든 경우의 수를 7분의 1로 만드는 14면 주사위를 쓴다. 윷

사위의 명칭은 무(無)백, 1, 2, 3, 4, 5백, 전(全)백이며, 무백은 0칸, 1백
부터 1칸-5칸이고, 전백은 6칸을 간다.

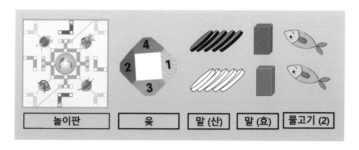

육박의 도구구성

(다) 육박의 놀이말은 그 개수가 청편, 홍편 각 쌍방이 6개이다. 놀이
윷이 6개이고, 놀이말도 6개라서 놀이의 명칭이 육박(六博)이다. 놀이
말은 기능에 따라 다시 2종류가 있는데 1개는 대형, 5개는 소형이다.
대형말 1개는 효(梟)라 하고, 소형말 5개는 산(散)이라 한다. 효는 왕(王)
이라고도 하고, 산(散)은 졸(卒)에 해당된다.

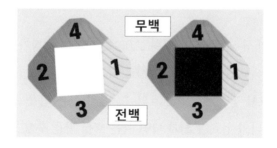

윷사위 전백과 무백

(라) 육박의 놀이판은 가운데 둥근 모양의 연못인 천지(天池)에 물고기 2마리가 헤엄치고 있다. 천지를 감싸는 4각형에는 모두 8개의 점이 있다. 가운데 ㅜ형처럼 생긴 4개의 각 3점을 연결한 내극선이 12점으로 포진하고, ㄱ형 8개가 바깥쪽에 배치된 외극선에는 각 3점씩 24점으로 이루어졌다.

놀이판 도안구성 : 주극선, 내극선, 외극선

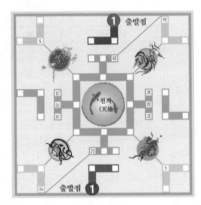

육박놀이의 출발선

효와 산

(가) 격마의 규칙 : 놀이말 대형 효(梟)는 왕이며 대장마로 역할에 따라 좌효(坐梟)와 주효(走梟, 입효=立梟)로 나눈다. 원래 효는 산을 잡을 수 있고, 산은 효를 잡을 수 있다. 효와 효, 산과 산은 잡을 수 없다, 다만 효가 무백이 나와 입효(주효)가 되면 산은 효를 잡을 수 없고, 주효(입효)는 상대의 모든 말(산과 좌효)을 잡는다. 다만 나의 입효(주효)는 상대방

의 입효를 잡을 수 없다. 입효와 입효는 무적의 말이 된다.

(나) 동이 나는 방법 : 산(散)은 졸이다. 모두 5개이고, 5개가 모두 동
이 나야 물고기 1마리를 얻는다. 산은 업어갈 수 있고, 상대의 효(梟)를
잡을 수 있다. 그런데 상대의 좌효가 무백이 나와 입효가 되면 잡을 수
없다. 산과 산은 서로 격마할 수 없다. 동은 1개가 날 수 있고, 업었을
경우에는 2개, 3개, 4개, 5개가 함께 동이 날 수 있다. 따라서 업어가면
동이 나는 확률이 높지만 잡혔을 경우 모두 죽어서 처음으로 돌와오기
때문에 위험부담도 그만큼 크다.

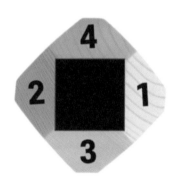

윷사위 무박

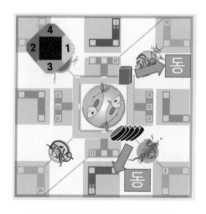

주극선의 무백 : 효와 산을 동나게 함

(다) 격마와 재투 : 육박에서는 윷사위 전백(全白)만 재투(再投)한다.
무백(無白)은 허수로 공(空)이다. 상대말을 잡는 격마에서도 재투는 없
다. 산이 효를 잡고, 효가 산을 잡는 방식이 특별한 격마의 규칙이다. 다

만 입효(주효)가 되면 상대방의 입효를 제외한 모든 말을 잡을 수 있는 격마의 특권이 있기 때문에 행마에서 효를 먼저 내보는 게 유리하다.

윷사위 전백과 무백

(가) 전백의 특권 : 윷사위에서 전백은 6칸을 가는데, 특별한 권한으로 (1)한차례 더 던질 수 있고, (2)외극선 4개 꼭지점인 ㄱ형의 5번, 11번, 17번, 23번에서 주극선으로 진입할 수 있고, (3)내극선 34-36번에서 주극선으로 진입할 수 있는 특권이 부여된다. 따라서 육박판에서 전백이 나와 주극선 진입을 할 수 있는 방법은 5개 지점에서 가능하다.

(나) 무백의 특권 : 윷사위에서 무백은 허수라서 0칸을 가는데, 특별한 권한으로 (1)외극선, 내극선, 주극선에 위치한 좌효를 일으켜 주효(입효)로 만들고, (2)연못을 감싼 8개의 점이 있는 주극선에 들어간 모든 효와 산을 동나게 한다. 승부를 내기 위해서는 모든 말이 주극선에

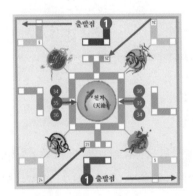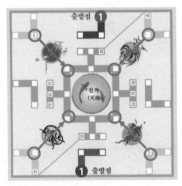

전백의 특권 : 내극선에서 주극선 진입

진입하고 무백이 나와야 한다.

(다) 전백과 무백 : 육박에서 가장 중요한 윷사위는 전백과 무백이다. 전백은 주극선에 진입하여 동이 날 수 있는 자격을 얻게 하고, 무백은 주극선에 있는 효와 산을 동나게 한다. 주극선에 효와 산이 있는데 무백이 나오면 무조건 동난다. 다만 효가 아직 주극선에 진입하지 않고 좌효의 상태로 있을 경우에는 주극선의 말을 동이 나게 할 것인지, 좌효를 입효로 할 것인지 선택할 수 있다.

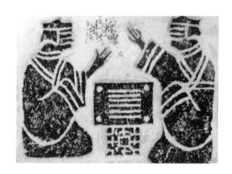

한나라시대의 여러 육박놀이1

한나라시대의 여러 육박놀이2

쟁선과 행마

선(쟁선) : 윷(주사위)을 던져 전백부터 무백으로 순서를 정한다. 순서를 정한 뒤에 청편, 홍편 쌍방은 던진 윷사위에 따라 서로 마주보는 ㄱ형 1번부터 시작한다. 순서를 정한 윷사위는 바로 버리고, 선이 다시 던진 윷사위를 시작점에 놓는다. 행마가 시작되어 반바퀴를 돌면 서로의 말을 격마할 수 있다.

동나기(끝내기)

(가) 진행방향 : 말은 외극선을 우향하여 24번까지 오면, 내극선 25번으로 진입하고, 계속 우향하여 34-36번까지 돈다. 34-36번에서 전백이 나오면 주극선으로 들어간다. 전백이 나오지 않으면 34-36번에서 계속 멈추고 기다린다. 34번에서 1백이 나오면 35번으로, 2백이 나오면 36번으로 가지만, 3백이 나오면 숫자가 넘쳐서 행마할 수 없다.

(나) 승부내기 : 1개의 효와 5개의 산이 주극선에 진입해야만 동이 날 수 있는 자격이 주어지는데, 주극선에 진입하기 위해서는 윷사위가 반드시 전백이 나와야 한다, 주극선에 진입한 효와 산은 무백이 나와야 동이 나고, 무백이 나오지 않으면 주극선을 계속 우향으로 돌아야 한다. 외극선과 내극선 사이의 4개 원점(圓點)은 하늘의 별을 지키는 사신(四神)으로 청룡, 주작, 백호, 현무이다. 4개 원점은 주극선으로 들어가는 지름길이며 징검다리이다. 전백이 나오면 바로 주극선으로 도약하여 진입한다.

(다) 물고기 : 천지에 있는 2마리의 물고기를 먼저 얻으면 이긴다. 1

개의 효가 나면 물고기 1마리, 5개의 산이 모두 동이 나면 물고기 1마리이다. 시간을 정하고 승부를 겨루는데, 서로 효와 산이 모두 동이 나지 않았을 경우에는 입효, 주효의 순서대로, 입효와 주효, 입효와 주효가 같이 동이 났을 때는 산의 숫자가 많은 편이 이긴다. 동이 난 효와 산도 같으면 나머지 산의 위치가 주극선에 가장 가까운 편이 이긴다. 번호가 없는 주극선에 각각 1개씩 남았을 경우에는 주극선에 먼저 진입한 편이 이긴다.

실기실습 육박놀이

연수과정 육박놀이

시민참여 육박놀이

구구소한도(九九消寒圖),
시간과 계절의 변화를 배우다!

김재랑
kjrang5@naver.com
전통놀이 지도사범
역사문화 체험강사

김미애
miae5576@naver.com
한솔교육 논술교사
전통놀이 지도사범

구구소한도(九九消寒圖)는 본래 유희, 놀이라고 정의하기 보다는 겨울을 보내는 사대부, 또는 규방의 부녀들이 즐겨 하였던 세시풍속, 민간풍습의 하나였다. 그 후 현대적인 감각과 필요에 의해 놀이판, 놀이말, 놀이윷을 더하여 윷놀이형 판놀이로 재탄생시켜 시간계절, 천문지식을 배우는 학습놀이의 하나이다.

놀이판 : 한국역사인문교육원 제작

구구소한도의 유래

___

구구소한도(九九消寒圖)는 1년 4계절 가운데 가장 추운 동지가 지난 어느 날부터 이듬해 춘분까지 81일 동안(구구:九九) 추위를 이겨내고(소한:消寒) 새로운 일이 시작되는 봄을 기다리는 세시풍속, 민간풍습의 유희이다.

고대시기에 동지(冬至)는 한 해가 시작되는 날로 여겨졌다. 동지는 지금의 달력으로는 12월 21일경으로 태양이 가장 낮은 곳에서 뜨고 낮이 가장 짧은 날이다. 이때부터 낮이 점차 길어지고 밤이 줄어든다. 그리고 춘분에 이르러 낮과 밤의 길이가 같아진다.

동지는 한 해의 모든 것이 마무리가 된 이후에 새로운 시작을 알리는 첫 날이다. 그래서 동지가 지나고 특정한 어느 날부터 9의 9배수인

창석 이억영 화백의 춘분 풍속화 : 국립민속박물관

창석 이억영 화백의 동지 풍속화 : 국립민속박물관

구구소한도 : 매화그림

81일이 지나면 만나는 춘분까지 삶의 토대를 쌓는 준비를 한다. 구구소한도는 그러한 절기를 반영한 세시풍속의 놀이이다.

간지와 임일, 구구소한도의 출발

———

동아시아에서 시간의 변화는 간지(干支)로 표기한다. 간은 하늘의 시간으로 10진법에 따라 갑을병정무기경신임계의 10간이 있고, 지는 땅의 시간으로 12진법에 따라 자축인묘진사오미신유술해의 12지가 있다. 10간과 12지는 서로 결합하여 60개의 시간단위를 만든다. 갑자, 을축, 병인, 정묘…와 같은 방식으로 만나서 계해(癸亥)로 끝이 난다.

또한 음양오행과 만나 갑을은 목, 병정은 화, 무기는 토, 경신은 금, 임계는 수가 된다. 그래서 동지가 지나 처음 만나는 임일(壬日)은 오행

| 춘분에서 동지까지 : 예선구간 | 동지에서 춘분까지 : 본선구간 |

춘분에서 동지까지 : 예선구간   동지에서 춘분까지 : 본선구간

2024년 12월	일	월	화	수	목	금	토
	1	2	3	4	5	6	7
	8	9	10	11	12	13	14
	15	16	17	18	19	20	동지
	22	23	임일	25	26	27	28
	29	30	31				

임일(壬日) : 겨울의 시작, 본선의 출발점

으로 수(水)이고 진정한 겨울이 시작되는 날로 보았다. 구구소한도는 동지가 지나고 처음 오는 임일(壬日)부터 81일 지나면 대체적으로 춘분이라고 보았다. 구구소한도(九九消寒圖)는 1년 4계절 가운데 가장 추운 동지가 지나고 임일(壬日)부터 이듬해 춘분까지 81일 동안(구구:九九)의 날을 보내는 풍속을 반영한 놀이이다.

옛[舊] 구구소한도

옛 방식의 구구소한도(九九消寒圖)놀이는 9개의 꽃에 각각 9개의 꽃잎이 그려진 매화(梅花)를 그리고 해가 뜨는 동쪽의 벽에 붙인다. 그리고 동지가 지나고 첫 번째 만나는 임일(壬日)부터 하루에 1개의 꽃잎에 색을 칠해서 81개의 꽃잎에 모두 색을 칠하면 춘분에 이르고 놀이는 끝이 난다. 봄을 기다리는 마음에 결실이 이루어진 것이다.

구구소한도 : 매화그림

옛 구구소한도의 놀이판은 보통 3종류가 전해진다. 첫째는 매화그림, 둘째는 문자도, 세 번째는 도안양식이다. 이중에서 문인, 사

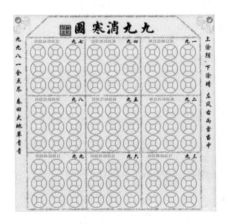

문자그림

숫자그림

대부들이나 규방의 여성들은 매화그림을 가장 선호하였다. 전해지는 구구소한도 가운데 매화그림이 가장 많다.

새[新] 구구소한도

새로운 방식의 구구소한도는 기존의 구구소한도를 바탕으로 승경도, 승람도, 육박, 저포 등의 판놀이 놀이방법을 결합하여 한국전통놀이학교에서 창안한 것이다. 새로운 구구소한도는 놀이를 통해 동아시아의 시간, 절기, 명절 등을 배울 수 있도록 놀이판에 반영하였고, 예선과 본선을 두어 절기의 흐름을 느끼도록 하였다.

놀이방법도 육박과 승람도 등을 참고하여 다양한 놀이규칙을 만들었다. 윷도 쉽게 구하고 쓸 수 있도록 주사위를 사용하고, 주4와 주6에 특별한 조건을 만들어 놀이에 흥미를 더하였다. 전통적인 절기와 명절

놀이방법 : 예선과 본선 겨루기 형태

에 익숙하지 않은 요즘의 신세대들에게도 좋은 교육적 효과를 지닌 놀이로 활용할 수 있도록 만들었다.

교육효과 : 24절기와 세시명절을 도입

윷사위 : 주4와 주6에 특별한 규칙적

구구소한도의 놀이방법

구구소한도(九九消寒圖)는 본래 1인이 하는 민속유희였는데 한국전통놀이학교(한청단+미래학교)에서는 조선시대에 유행하였던 승람도와 승경도, 쌍륙의 놀이방법을 바탕으로 두 사람 이상이 겨루는 판놀이형 놀이로 창안하였다. 신형 구구소한도는 두 사람 이상, 두 편 이상의 사람들이 참여하는 놀이를 통해 전통적인 절기와 계절의 변화 등을 익힐 수 있는 게 특징이자 덕목이다.

놀이도구의 구성

구구소한도는 놀이판, 놀이말, 놀이윷 등 3가지 도구가 필요하다. 구구소한도는 말을 판에 놓는 포석이 아니라, 윷을 던져 나오는 윷사위에 따라 놀이가 시작된다. 놀이윷은 6면이 있고, 숫자 4가 붉은색을 하고 있는 정육면체 주사위 1개를 사용한다.

구구소한도 놀이도구의 구성

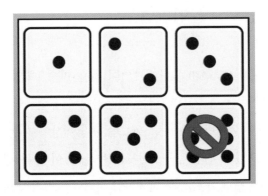

구구소한도 윷사위(6은 허수)

선잡기 : 쟁선(爭先), 쟁두(爭頭)

선을 정하는 순서는 쟁선(爭先), 쟁두(爭頭)라고 하는데, 선을 잡는 방법은 주사위를 던져 6부터 1까지 나오는 윷사위 가운데 높은 숫자대로 순서와 예선전 출발자리를 정한다. 쟁선(爭先)하기 위해 던진 윷사위는 행마에 포함되지 않는다.

겨루기 : 선수(選手)

구구소한도는 2인에서 4인 이상이 각각 참여하거나, 여럿이 편을 먹고 겨룬다. 개인이든 편이든 말은 윷의 경우와 같이 4개이다. 말은 오행에 따라 청색, 적색, 백색, 흑색 각각 4개씩이다. 참여하는 인원이 많아지면 황색, 남색 등의 말을 추가한다. 2편 이상이 하는 경우에 쟁선을 해서 출발하는 예선 자리를 정한다.

펼치기 : 포석(布石)

사전 포석은 없다. 출발선에서 바로 시작한다. 6면체 주사위 1개를 사용한다. 승부는 예선과 본선으로 나눈다. 예선과 본선에서 말은 모두 업어갈 수 있다. 예선에서는 상대의 말을 잡지 않는다. 예선은 출발선에서 동지를 지나 임일 바로 전까지, 본선은 동지를 지나 임일부터 시작하여 81번 춘분까지이다.

말가기 : 행마(行馬)

쟁선을 통해 선이 정해지면 던진 윷사위에 따라 좌우 출발선에서 각각 행마를 한다. 예선과 본선에서 말을 모두 업어갈 수 있다. 상대에게 격마를 당하면 업은 말은 모두 처음의 출발선으로 간다. 주사위의 1에서 5까지는 숫자대로 말을 움직이고, 6은 허수(虛數:0, 꽝)이다. 이중에서 주4와 주6은 특별한 상벌 규칙이 있다. 본선 5대 절기(소한, 대한, 입춘, 우수, 경칩)는 상대말을 잡을 수 없고, 상대말과 같은 자리에 공존할수 있다.

출발: 예선 1번

예선 : 춘분부터 동지까지,
예선 1번-동지후 34번

본선 : 임일부터 춘분까지,
본선 1번-춘분 81번

임일 : 본선 출발점

윷사위 : 주4와 주6의 특별한 기능

예선의 4시(춘분, 하지. 추분, 동지)와 6개 명절(단오, 칠석, 중양절, 유두, 백중, 추석)에서 주4가 나오면 본선 임일(壬日)로 직행한다. 4칸을 더 가지는 않는다. 본선 4후(수택복견, 동풍해동, 후안북, 도시화)의 자리는 말이 빠지는 함정이다. 반드시 주4가 나와야 빠져 나올 수 있다. 빠져 나오면 4칸을 간다.

주4의 특별한 규칙			주6의 특별한 규칙
예선 : 4시, 명절	본선 : 4후	본선 명절	
춘분, 하지, 추분, 동지	수택복견, 동풍해동, 후안북, 도시화	원단, 상원, 삼짇날	허수(虛數)/쉰다
단오, 칠석, 중양절, 유두, 백중, 추석			
본선 임일로 직행 (4칸 안감)	함정에서 빠져나옴(4칸 감)	본선 춘분으로 직행	81번 춘분에서 맞춤나기

소도 : 본선 5절기, 재투

본선 5절기(소한, 대한, 입춘, 우수, 경칩)의 칸은 말을 잡을 수 없다. 같은 칸에 상대말과 공존할 수 있다. 윷놀이의 소도와 같은 기능을 한다. 예선에서는 말을 잡을 수 없지만 본선에서는 5절기를 제외하고는 어떤 자리의 말이든 잡을 수 있고 다시 한 차례 던진다(재투). 잡힌 말(업은 말 포함하여)은 처음의 자리로 돌아간다.

예선 명절 : 단오, 유두, 칠석, 백중, 추석, 중양절, 예선 4시 : 춘분, 하지, 추분, 동지

본선 절기 : 소한, 대한, 입춘, 우수, 경칩

본선 4후 : 수택복견, 동품해동, 도시화, 후안북

동나기 : 끝내기와 맞춤나기

끝내기 : 4개의 말이 동이 나면 승리한다. 제한시간에 승부가 나지 않으면 말이 동이 난 개수로, 개수도 같으면 말판에 말이 많은 숫자로, 숫자도 같으면 그중 한 개의 말이 춘분에 가장 가까운 편이 승리한다.

실기실습 구구소한도

연수과정 구구소한도

시민참여 구구소한도

승람도(勝覽圖),
조선 8도의 명승고적을 거닐다!

조태희
jhoth49@naver.com
전통놀이지도사범
(사)한국의 재발견 궁궐지킴이

최경화
qwe128@empas.com
아하! 열린교육센터 체험학습강사
전통놀이 지도사범

승람도 : 한국역사인문교육원 제작

승람도는 놀이판에 명승을 적어 놓고 주사위를 던져 나오는 숫자에 따라 유람하는 판놀이이다. 아울러 놀이의 유형은 놀이판을 펼치고 윷을 던져 말을 움직이는 윷놀이형 판놀이의 하나이다. 조선시대에 승람도는 승경도와 함께 학동, 선비들이 가장 즐겨 놀았던 놀이이다.

승람도의 유래

―――

승람도는 시기에 따라 명승유람도, 남승도, 유람도 등 여러 명칭으로 전해진다. 출발지에서 목적지에 이르는 놀이방법은 초임부터 최고의 관직인 영의정, 사궤장, 봉조하에 이르면 승부가 나는 승경도와 유사한 점으로 미루어 비슷한 시기에 만들어진 것으로 추정할 수 있다.

신증 동국여지승람

조선환여승람

승람(勝覽)이란 용어는 여지승람(輿地勝覽)이란 책명에서 그 의미를 찾을 수 있다. 이를 나누어 분석하면 승(勝)은 어떤 장소성과 비교하여 뛰어난 곳을 뜻하며, 람(覽)은 둘러본다는 해석과 경관(景觀)의 뜻이 있다. 이를 종합하면 승람(勝覽)은 빼어난 경관(景觀), 또는 뛰어난 명승(名勝), 명승을 유람하다 등으로 정의할 수 있다.

승람도의 종류

승람도는 조선지리와 여러 고을들의 명승들을 익히는 놀이이다. 조선 초기에 국가단위로《세종실록지리지》,《동국여지승람》,《신증 동국여지승람》 등이 편찬되어 전국적인 지리인문지식이 보급되고, 각지의

조선승람 : 국립민속박물관

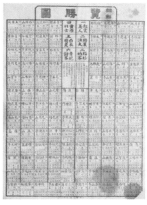

조선승람도   천하승람도

읍지가 나와 지역적인 지리인문지식도 널리 퍼졌다. 이를 익히기 위해 고안된 것이 승람도이다. 한자를 배우는 초급에서는 책장을 펼치면서 2자 이상의 고을이름을 맞추는 고을모듬(모둠)놀이가 서당에서 행해졌고, 어느 정도 한자수준이 오르면 승람도를 하였다. 조선시대의 대표적인 승람도는 조선승람도, 청구승람도, 조선유람도, 명승유람도와 함께 중원유람도, 천하승람도가 있다.

이중 조선승람도는 가로 10칸, 세로 13칸, 합해서 130칸으로 구성되며, 참여자는 6칸에 홍상미인, 녹사어부, 치삼납객(승려), 황건우사(도사), 백의한량, 청포사객(시인) 등 6인을 소개하고 있으며, 놀이방법은 4칸에 걸쳐 설명되어 있다. 그래서 10칸을 빼면 실제로는 120칸이다. 천하승람도는 중국지역을 여행하는 그림판이다. 가로 9칸, 세로 16칸으로 모두 144칸이며, 표제어(천하승람도)와 놀이방법, 참여자 등의 칸을 빼면 실제로 126칸이다. 참여자 신분은 홍수미인, 녹사어부, 치의납자(승려), 황관우사(도사), 청삼사객(시인), 백인검객(협객)이다. 조선승람도의 백의한량과 천하승람도의 백인검객이 다른 신분이다.

조선승람도의 놀이방법

조선승람도는 승람도놀이의 표본이다. 놀이방법이 설명되어 있고, 조선팔도가 지역별로 잘 분포되어 있다. 놀이방법은 4칸에 걸쳐 설명되어 있다. 또한 칸의 아래에는 작은 칸수 6개가 숫자별로 표시되고, 던져 나온 윷사위에 따라 지정된 장소로 이동한다. 이것은 승경도의 방법과 같다.

1	처음 던져 윷사위가 1이면 홍상미인(미인), 2이면 녹사어부(어부), 3이면 치삼납객(승려), 4이면 황건우사(도사), 5이면 백의한량(한량), 6이면 청포사객(시인)이 된다.
2	두 번째 던져 1이면 종암, 2이면 천축사, 3이면 남한, 4이면 용문산, 5이면 청심루, 6이면 신륵사로 간다. 가는 중 같은 칸에 상대를 만나면 한잔 술을 마신다.
3	벌(罰)이 있으면 말이 움직이지 않는다.
4	퇴(退)가 있으면 한잔 술을 마신다.

조선승람도는 신분에 따라 들어갈 수 있는 칸이 있고 들어갈 수가 없는 칸이 있다. 신분별 특성과 놀이판에 장치를 두어 놀이의 즐거움과 승패의 변수를 높였다. 또한 특정한 칸에는 전진과 후퇴, 바람, 벌 등의 상벌을 두어 재미를 더하였다. 승경도, 승람도, 저포, 육박, 윷놀이와 같은 판놀이에 공통으로 있는 특성의 하나이다.

조선승람도의 특별한 규칙	
1	신분별로 들어갈 수 있는 칸과 들어갈 수 없는 칸이 있다. 신분별로 동석하지 못하는 경우와 동석하는 경우가 있다. 예를 들면 미인과 승려는 같은 칸에 들어갈 수 없다.
2	명승의 특성에 맞게 특혜, 벌칙 등 여러 규칙이 있다. 예를 들어 촉석루, 행주산성, 한라산, 금강산, 울릉도 등에 교전, 선풍(旋風:회오리바람), 진(進), 퇴(退), 벌(罰) 등을 둔다.

놀이규칙의 변화

조선시대 승람도는 모두 글자로만 이루어져 현재의 관점에서 본다면 가독성과 몰입도가 낮은 편이다. 그래서 한국전통놀이학교(한청단+미래학교)에서는 채색과 그림, 사진 등을 가미하고, 놀이방법도 승경도, 저포, 쌍륙 등을 참고하여 약간의 변화를 주었으며, 설명식으로 되어 있는 규칙이나 변수들을 놀이판의 칸수에 적어 놀이의 흥미와 참여도를 높이고자 하였다.

아울러 시중에 판매되거나 보급중인 여러 승람도는 명승배치와 보조도구 등이 각각 다르지만 놀이방법 등에서는 별로 차이가 없다. 어느 것이든 명승과 지리를 익히는 것이 주요한 놀이목적이므로 이 부분에 방점을 찍고 승람도놀이를 만나면 좋을 것이다.

기존 승람도의 놀이 규칙	현재 승람도의 놀이 규칙
한양에서 출발 – 한양으로 귀환	한양에서 출발 – 백두산에서 마침
명승 칸에 이동하는 숫자표시	1번 명승 – 108번 명승으로 진로를 정함
진, 퇴, 벌, 상 등의 규칙	산, 섬, 활로, 사로 등 규칙 변화

승람도의 놀이도구

승람도의 놀이도구는 윷놀이형 판놀이와 같이 놀이판, 놀이윷, 놀이말로 구성된다. 놀이판은 승경도와 같은 크기와 형태로 관직 대신에 명

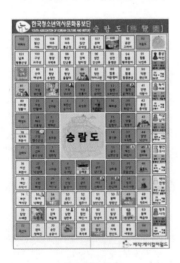

승지가 적힌 네모난 칸으로 구성된다. 칸의 전체숫자는 놀이판의 종류에 따라 81칸에서 144칸 등 여러 개가 있다. 놀이윷은 경우의 수가 5가 나오는 윷이나 윤목을 쓰거나, 숫자 6이 표시된 주사위를 쓴다. 놀이말은 놀이에 참여하는 신분이 여섯이므로 6개이고, 신분별로 1개를 갖고 시작한다.

승람도 놀이판

승람도 놀이말

승람도 놀이윷

승람도의 놀이방법

승람도(勝覽圖)의 놀이방법은 승경도(陞卿圖)와 비슷하지만, 승경도
는 관직의 고하(高下)를 넘나드는 놀이인 반면에 승람도는 조선지리와
지역공간을 여행하는 놀이이기 때문에 각각의 특징적인 놀이방법이
있다.

펼치기 : 포석(布石)

승람도는 놀이판, 놀이말, 놀이윷 등 3가지 도구가 필요하다. 승람도
는 말을 판에 놓는 포석이 아니라, 윷을 던져 나오는 윷사위에 따라 놀
이가 시작된다. 놀이 윷은 6면이 있는 정육면체 주사위를 사용하는데,
특별하게 4개의 점이 붉은색으로 칠해진 주사위를 쓴다.

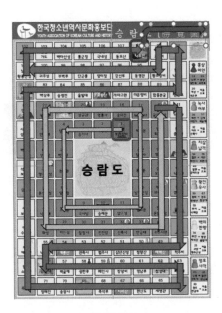

행마의 동선

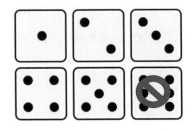

승람도 윷사위(6은 허수)

선잡기 : 쟁선[爭先]

선을 잡는 순서로 쟁두(爭頭)라고도 부르는데, 선을 잡는 방법은 주사위를 던져 6부터 1까지 나오는 윷사위에 가운데 높은 숫자대로 순서를 정한다.

길잡이 : 신분[身分]

승람도는 윷을 던져 나오는 숫자에 따라 길잡이가 되는 신분이 정해진다. 숫자 1부터 숫자 6까지 정해진 신분은 홍상미인, 녹사어부, 치삼납객, 황건우사, 백의한량, 청포사객이다. 따라서 숫자 6인 청포사객부터 아래 숫자대로 진행한다.

놀이말 : 신분별로 6인

말가기 : 행마[行馬]

윷을 던져 나오는 숫자만큼 말을 움직인다. 숫자 1은 한 칸, 숫자 2는 두 칸, 숫자 3은 세 칸, 숫자 4는 네 칸, 숫자 5는 다섯 칸을 간다. 단 주사위 숫자 6은 말을 움직일 수 없다.

길 나서기 : 출발[出發]

한양에서 출발하여 백두산까지 도착하는 편이 승리한다. 선 잡기와 길잡이는 출발 전의 포석을 위한 사전 준비이고, 선 잡기와 길잡이가 정해지면 순서에 따라 던진 윷사위가 출발의 숫자이다.

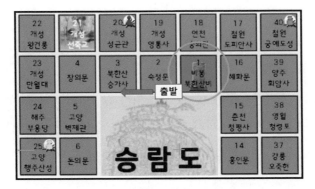

출발칸 : 한양도성 1번칸 북한산 비봉

105 의주 통군정	106 집안 국내성	107 돈화 동모산	108 백두산	93 윤관 고려비
98 평양 단군릉	97 강계 망미정	96 성천 강선루	95 성천 동명관	94 함흥 황초령비
85 평양 을밀대	86 영변 묘향산	87 장진 개마고원	88 함흥 마운령비	89 함흥 함흥본궁

도착칸 : 100번칸 백두산

말잡기 : 타마(打馬), 격마(擊馬)

주사위를 던져 나오는 숫자만큼 갔을 때 상대의 말이 해당 칸에 있으면 잡을 수 있다. 말을 잡으면 한 번 더 던질 수 있다. 잡힌 말은 처음의 자리에서 시작한다. 백두산에 도착해도 잡힐 수 있다. 만약 섬에 빠졌을 때 먼저 빠진 말이 있으면 그 말을 잡고, 한 번 더 던질 수 있다. 이때 주 4가 나오면 섬에서 빠져나오고 4칸을 이동한다. 그러나 주 4가 나오지 않으면 섬에서 머문다. 먼저 섬에 빠졌다가 잡힌 말은 처음으로 돌아간다.

섬과 산 : 함정과 도약,
주4에 특별한 규칙을 부여

타마(말잡기) :
41번 석왕사부터 말잡기

더 던지기 : 재투(再投)

한양에서 가까운 40번까지는 상대의 말을 잡을 수 없다, 41번 이후부터 잡을 수 있다. 상대의 말을 잡으면 다시 한 번 더 던질 수 있다.

판 끝내기 : 승패(勝敗)

한양에서 출발하여 백두산을 빠져나오면 승리한다. 유람의 행로에는 섬, 산, 사로, 활로 등 여러 가지 장치들이 있다. 또한 일부의 칸에는 특별한 명령과 규칙이 있다.

108번 백두산 넘으면 승리, 딱 맞게 도착하면, 맞춤나기

백두산에 맞춤나기로 도착하는 경우

(가) 103에서 주 5, 104에서 주 4, 105에서 주 3, 106에서 주 2, 107에서 주 1이 나오면 백두산에 맞춤 나기로 도착한다.

(나) 영변 묘향산에서 주 4가 나오면 백두산에 맞춤 나기로 도착한다. 4칸 이동은 적용하지 않는다.

(다) 백두산에 맞춤 나기로 도착하면 주 6이 나와야 빠져나올 수 있다.

길에서 만나는 여러 장치들

(가) 승람도의 윷사위에서는 숫자 4가 특별한 대접을 받는다. 표시된 섬(島)과 산(山)에 이르면 숫자 4가 특별한 기능을 한다. 섬을 탈출하려면 4가 나와야 한다, 섬에서 주 4로 탈출한 뒤 4칸을 이동한다. 산에서 4가 나오면 자신의 산을 뛰어넘어 해당하는 산으로 이동하고 4칸을 더 간다. 다만 백두산은 이 조항에 해당하지 않는다.

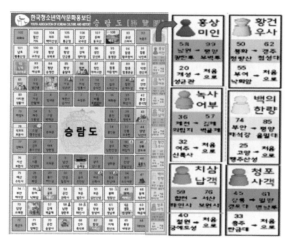

신분 : 6개의 신분별로 출발, 신분에 따른 활로와 사로가 있음

(나) 신분에 따라 들어갈 수 없는 곳이나 잘못 들어가면 바로 죽으면서 처음의 자리에서 다시 시작한다. 이를 사로(死路)라고 한다. 또한 신분에 따라 들어가면 행운의 혜택이 주어지는데, 이를 활로(活路)라고 부른다. 놀이판 유랑객 설명란에 명령이나 규칙이 적혀 있다.

실기실습 승람도

시민참여 승람도

연수과정 승람도

승경도놀이,

사대부와 학동의 성취동기와 관직학습

장미화
jangflower@naver.com
전통놀이 지도사범
역사문화 체험지도사

장미경
rose6563@naver.com
전통놀이 지도사범
역사문화 체험지도사

승경도놀이는 조선시대 관직의 종류, 관직의 업무, 관직의 위치와 관직의 승진 등을 익히기 위해 고안된 판놀이이다. 이 놀이는 관직을 다루는 놀이라는 특성상 서당의 학동들과 과거시험에 응시를 준비하거나 관직에 있는 사대부에게는 관직의 기초를 배우는데 아주 좋은 놀이의 하나였다.

승경도(陞卿圖)의 한자적 해석		
승(陞) : 오를 승	경(卿) : 높은벼슬경	도(圖) : 놀이판
관직이 계속 오른다는 뜻	벼슬이 높은 사람을 의미	그림으로 표현한 놀이판

이때문에 승경도는 양반놀이라고도 부른다. 조선시대 성현(成俔)의

《용재총화(慵齋叢話)》에 보면 조선 초기에 태종의 공신이었던 하륜(河
崙)이 승경도(종정도)를 제작했다는 기록이 나온다.

승경도 신판(新版)

승경도 구판(舊版)

승경도의 개념과 역사

승경도는 조선시대에 오랜 기간 유행하던 판놀이이다. 놀이의 이름
도 승경도(陞卿圖), 종정도(從政圖), 조정문무사판(朝廷文武仕板), 조선사
환도(朝鮮仕宦圖), 정경도(政經圖) 등 수십여 종류가 전해지고 있는데, 그
중에서 종정도라는 명칭이 압도적으로 많은 편이고, 관직의 종류와 놀
이방법은 거의 비슷하다.

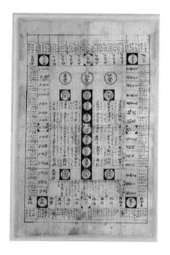

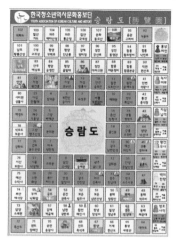

성불도:
불교역사와 이론을 배우는 판놀이

승람도:
조선 8도의 명승유적 유람 판놀이

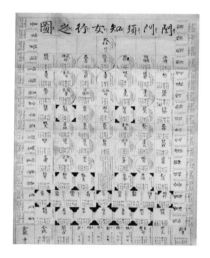

규문수지여행지도: 조선시대 부녀자의 덕행을 배우는 판놀이

충무공 이순신장군상 : 서울 세종로

충무공 이야기(전시관) : 서울 세종로

세계기록유산 난중일기 : 문화재청

　승경도라는 뜻은 '높은 벼슬자리에 오르는 것을 목표로 승부를 겨루는 판놀이'라는 의미를 지녔다.《조선왕조실록》성종실록에 보면 홍문관의 관리들이 밤새도록 승경도를 즐겼다는 기록을 찾을 수 있다. 성종은 야간근무를 하는 관리들이 밤새 졸고 업무에 태만을 부리는 것을 방지하고자 밤새도록 승경도를 하라는 명을 내리고 있다. 승경도를 하면서 자신의 업무와 여러 관직을 빨리 익히도록 하려는 배려로 보인다.

　또한《난중일기》에는 이순신 장군도 자주 승경도판을 그려놓고 부하들과 놀이를 즐겼다고 기록하였다. 이순신 장군은 부하장수들과 승경도를 하면서 우의를 다지고, 신분상승에 대한 동기부여와 관직이 오르는 것을 바라는 부하장수들의 성취욕구를 북돋아 주기 위해 놀이를 즐긴 것으로 보인다.

서당풍습 : 단원 김홍도

3명의 사대부들이 놀고 있는
승경도놀이 : 기산풍속도

5명의 사대부들이 놀고 있는 승경도놀이: 기산풍속도

승경도의 기능

승경도는 종정도, 사환도, 정경도, 조정사판과 같은 이름에서 알 수
있듯이 관직을 익히는 기능이 우선이라는 것을 알 수 있다. 조선판 승
경도놀이를 처음으로 창안한 하륜(河崙:1347-1416)은 조선시대의 개국
공신이다. 그가 승경도를 만든 목적은 조선의 안정적인 정착을 위해 고

승경도를 만든 하륜 :
사극 '용의 눈물'(임혁)

승경도를 만든 하륜 :
사극 '정도전'(이광기)

승경도를 만든 하륜 :
사극 '육룡이 나르샤'(조희봉)

승경도를 만든 하륜 :
사극 '태종 이방원'(남성진)

려시대의 사대부들을 조정에 참여시키는 것이었다. 이런 1차적인 목표를 두고 승경도가 만들어진 것으로 볼 수 있다.

고려 관직과 조선 관직의 차이

고려시대의 관직은 신라-후고구려로 이어지는 전통적인 관직명과 승진체계를 이어받은 것이었다. 당시 이웃한 중국의 관직과 관청의 기능을 비교해도 많이 달랐다. 하륜은 조선의 개국에 참여한 사대부 관리들, 참여를 미루고 있는 고려시대 관리들, 그리고 공부를 통해 관리를 꿈꾸는 예비 관리후보들에게 조선시대 관직, 관청, 지리, 승진체계를 익히기 위한 방편으로 승경도를 만든 것으로 본다.

사대부의 동기부여와 성취욕구

승경도는 놀이를 하는 그 자체가 목적이 아니라 입신양명을 최고의 가치로 여기던 당시 사대부들에게 관직과 승진에 대한 동기부여를 주

설탄 한시경(1621~?)의 함경도 과거시험도(국립중앙박물관 소장)

는 것이 목적이었다. 승경도놀이를 하다보면 관직과 기능, 승진체계, 관청의 업무 등에 대해 자연스런 대화를 하게 되고, 지금의 그 자리에 누가 있는지 알게 되는 효과를 거둘 수 있기 때문에 놀이를 넘는 기능을 하였던 것이다.

유교적 질서와 세계관의 구축

승경도는 주로 서당의 학동들과 관리들이 놀았다. 어렸을 때부터 학동들은 서당에서 승경도를 하면서 조선시대의 관직과 유교적 세계관, 성리학 등을 배우면서 자랐을 것이고, 이들이 관료생활을 하면서 조선시대는 자연스럽게 승경도의 세계를 구현하는 밑거름으로 작용을 하였다. 바둑이나 장기, 저포, 쌍륙 등 여러 판놀이보다 승경도가 유행하였던 것은 조선이 승경도가 구현된 유교사회였기 때문이다.

승경도의 기원

우리나라 승경도와 비슷한 놀이로 중국의 승관도(陞官圖)가 있다. 승관도는 중국 한나라(서기전 206-서기 220) 시기에 출현하였는데 그때의 이름은 고르다, 선택하다의 뜻을 가진 채선(采選)이었다.

북송시기에 유창(劉敞:1019-1068)이 《선관도(選官圖)》라고 이름을 지었고, 명나라 말기인 17세기 중반에 예원로(倪元璐)가 자신의 생각을 담은 승관도를 만들었고, 청나라시기의 이름난 지리학자인 유계장(劉繼

庄)도 기존의 것을 다듬어서 다른 승관도(升官圖)를 만들었다고 전한다. 중국의 승관도는 청대 이전의 실물은 없고, 오늘날 중국에서 볼 수 있는 실물은 청대 이후의 것들이다.

채선도 : 당나라시기부터 유행한 승관도유형

승관도: 청나라시기 인물도형의 승관도

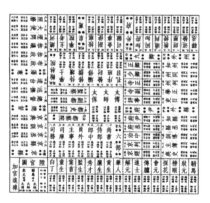

승관도: 근대시기 유행한 문자도형 승관도

국립민속박물관 소장 승경도

국립중앙박물관 소장 승경도

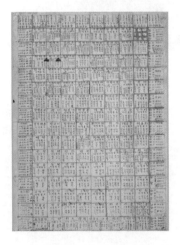

한글박물관 소장 승경도

한글 승경도 : 한글박물관 소장

조선초 하륜의 승경도는 중국 명나라 예원로와 청나라 유계장보다 시기가 앞서기 때문에 조선 승경도와 명-청 승관도는 관련성이 없지만, 조선 승경도가 앞선 시기의 중국 송대의 《선관도(選官圖)》를 모방했는지 여부는 연구해 봐야 할 것이다. 왜냐하면 중국 청대의 승관도가 송나라의 선관도를 계승하였고, 중국 청대의 승관도와 조선 승경도가 유사한 측면이 있다는 점에서 본다면 양자 사이의 관계를 마냥 무시하지는 못하기 때문이다.

한국전통놀이학교 승경도

승경도의 종류는 고정된 것이 아니고 만드는 사람에 따라 모양이 각각 다르고, 놀이에 포함된 관직의 종류가 다른데 한국전통놀이학교(미래학교+한청단)에서 채택하고 있는 승경도는 기존의 여러 승경도를 바탕으로 조선시대 관직체계, 고과제도, 역사책이나 사극에서 자주 만나는 관직 등을 가려 뽑아 새롭게 만든 것이다.

향직(외직)은 사방 주변에 놓고, 상하에는 무관, 좌우에는 문관직을 배치하였다. 경관(내직)은 중앙에 배치하였다. 또한 윷도 윤목이나 윷과 달리 주사위를 사용하여 여러 가지 윷사위를 놀이에 응용하여 즐거움을 배가시켰다.

승경도 놀이방법과 규칙

———

승경도는 조선시대에 공부를 하여 입신양명을 꿈꾸었던 학동(學童), 유생(儒生), 무인(武人), 사대부(士大)들에게 동기부여와 성취욕구를 자극하고 권유하는 판놀이였다. 그러면서도 잘못을 하면 강등(降等)이나 외지(外地)로 전출을 간다는 경계와 경고를 주는 의미도 가졌다.

한편으로는 청렴하고 능력있는 관리들은 승진을 거듭하여 말년에 행복한 퇴임(退任)도 보장받을 수 있기 때문에 노력과 수신의 뜻도 가졌다. 따라서 초반에 앞서갔다고 이기는 것이 아니고, 뒤에 처졌다고 지는 승부가 아닌 것이다. 인내를 갖고 끝까지 승부를 준비하는 마음이 중요하다.

옥포 만호	전라 병 마절도사	충청 병마우후	나주 토포사	청주 진영장	강화 진무영	강원 절제사위	황해 첨절제사	황해 절제사	평안 방어사	평안 병사	함경 우후	함경 병 마절도사
301	302	303	304	305	306	307	308	309	310	311	312	313
의주 부윤	봉조하	사궐장	국장도감 총호사	의정부 우의정	홍문관 영사	산릉도감 총호사	승문원 도제조	춘추관 영사	세자시강 원 사부	위리안치	사사	녹둔도 둔전관
428	123	122	110	109	108	107	106	105	104	508	509	427
평안 감사	고명대신	원훈공신	의정부 좌의정						의정부 좌찬성	부서원찬	삭직출문	갑산 부사
425	120	121	111						103	507	506	426
청주 목사	의정부 영의정	종문부 부원군	가례도감 도제조	승경도 陞卿圖					의정부 우찬성	수고신	삭판불용	희령 부사
424	119	118	112						102	504	505	423
문화 현령	경연청 영사	돈녕청 영사	호위청 대장						의금부 판사	파직	추고	길주 목사
421	116	117	113						101	503	502	422
파주 목사	115 의빈부 부마도위		내의원 도제조						세손강서 원 사부	501 서용		함흥 판관
420			114						100			419

한국전통놀이학교 : 승경도

놀이도구

(가) 승경도 놀이도구는 놀이판, 놀이말, 놀이윷으로 구성한다.

(나) 윷은 숫자 4에 붉은색이 칠해진 정육면체 주사위를 쓴다.

(다) 놀이말은 각자 1개씩 사용한다.

현재 사용중인 놀이윷(주사위)과 놀이말 놀이윷 윤목과 팽이 :
주사위 6은 허수(虛數)로 0칸임 조선시대에 주로 쓴 놀이윷

윷사위 : 주사위의 1-5번이 윷놀이의 도개걸윷모로 정함,

신분정하기

(가) 놀이에 참여하는 인원은 2-5명이면 알맞다.

(나) 윷은 주사위를 던져 높은 숫자가 나온 사람이 선이다.

(다) 윷사위에 따라 숫자 5는 문과, 숫자 1은 유학의 신분을 갖는다.

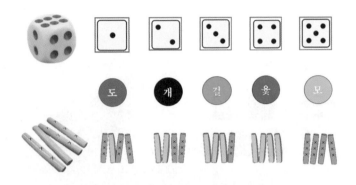

신분 : 윷사위에 따라 유학, 은일, 남행, 무과, 문과의 신분을 배정함

주사위의 윷사위

(가) 숫자 4는 어느 칸에서 특별히 상벌이나 진퇴를 결정한다.

(나) 숫자 6은 허수로 말을 움직일 수 없다.

(다) 말은 각자 1개씩 갖는 사람 수에 따라 말의 색깔을 다르게 한다.

초입문

(가) 놀이를 시작하는 곳을 초입문이라 부른다.

(나) 윷사위에 따라 유학, 은일, 남행, 무과, 문과로 신분을 나눈다.

(다) 각각 자기 신분을 갖고 초입문에서 문과순으로 출발한다.

초입문 : 모든 신분의 놀이말은 초입문에서 시작한다

한량	취재	선달	진사	생원
6	7	8	9	10

출발 : 윷사위에 따라 도는 1번 유학, 2번 은일… 5번 문과로 이동

유학 : 1번칸 유학의 신분에서 윷사위에 따라 지정한 숫자칸으로 놀이말을 이동

선달 : 8번칸 선달의 신분에서 윷사위에 따라 지정한 숫자칸으로 놀이말을 이동

특별관직과 권한

(가) 의금부 도사, 탐관오리, 대역죄, 포도대장과 같은 관직과 역할에서는 주4에 따라 진퇴와 상벌이 주어진다.

(나) 전경무신, 사가독서, 월과문신, 한학문신, 전경문신, 초계문신, 청백리 등에서는 주4에 따라 특혜가 주어진다.

(다) 경관과 향관, 내직과 외직의 차별은 없다. 경관에서 승차를 하다

가 외관으로 나갔다고 강등된 것이 아니다.

(라) 외직에서 열심히 노력하여 중앙관직에 들어오면 순서대로 영의정에 이를 수 있다. 먼저 승진하여 우찬성, 좌찬성에 이른다고 해도 파직을 당하면 역전이 일어나기도 한다.

퇴임과 사사 : 승패는 승차하여 퇴임, 또는 형벌을 받아 사사하면 결정됨

형벌의 적용

(가) 승경도놀이는 승패의 길이 2가지로 하나는 정상적으로 승차하여 부원군, 영의정, 고명대신, 원훈공신, 사궤장, 봉조하에 이르면 퇴임하여 이기는 방법과, 상대방이 추고, 파직과 같은 벌칙을 받고 끝내 복직되지 않고 삭직출문, 부처원찬, 위리안치, 그리고 사사에 이르러 죽게 되면 이기는 방법이 있다.

(나) 직무와 관련된 규정제도로 501부터 관직에 재임용되는 서용(敍用), 벌칙인 추고(推考), 파직(罷職), 관리 임명인 고신(告身), 바깥출입을

봉쇄당하는 문묵(門黙), 범죄를 지어 벼슬길에 오르지 못하는 금고(禁錮), 먼곳으로 귀양을 떠나는 원찬(遠竄), 죄인을 일정한 장소에 격리시키는 안치(安置), 극약을 내리는 사약(賜藥)이 있는데 승경도놀이의 가장 중요한 부분이다.

(다) 부마도위나 부원군, 영의정 자리까지 순조롭게 승차하였어도 특정한 윷사위가 나오면 벌칙규정인 추고나 파직으로 이동할 수 있으며, 서용되면 본래의 관직으로 돌아오지만, 그렇지 못할 경우 사사에 이르기까지 한다.

봉조하	사궤장
123	122
고명대신	원훈공신
120	121
의정부 영의정	충훈부 부원군
119	118
경연청 영사	돈녕부 영사
116	117
의빈부 부마도위	
115	

위리안치	사사
508	509
부처원찬	삭직출문
507	506
수고신	삭판불용
504	505
파직	추고
503	502
서용	
501	

퇴임 : 초입문에서 차례대로 승차하여 봉조하에 이르러 퇴임하면 내가 승리

사사 : 상대방이 형벌을 받아 추고, 파직을 거쳐 사사에 이르면 내가 승리

끝내기

(가) 이기는 방법은 2가지가 있다. 하나는 내가 순위대로 올라 퇴임하는 방법이 있고, 다른 하나는 상대방이 사사에 이르러 죽으면 내가 이긴다.

(나) 우선 정상적 승리 방법으로, 영의정, 고명대신, 원훈공신에서 높은 숫자가 나와 사궤장, 봉조하에 이르러 퇴임하면 내가 이긴다.

(다) 상대방이 사사를 당하면 내가 이기는 방법이다. 상대방이 추고나 파직되어 계속 낮은 수가 나와 삭판불용, 수고신, 부처원찬, 삭직출문, 위리안치로 이어지고 끝내 사사에 이르면 상대방의 죽음으로 내가 이긴다.

(라) 승경도는 내직으로 들어가 탈 없이 진급하다가 하나의 잘못으로 외직으로 가거나 파직을 당하고, 뒤늦게 출발하였지만 성실하게 한 단계씩 나가면 언젠가는 영의정, 사궤장, 봉조하에 이르고 안전하게 퇴임한다. 따라서 끈기있게 준비하고, 희망을 가지면 승부에서 이길 수 있고, 입신양명을 이룰 수 있다.

시민참여 승경도놀이(동대문광장)

시민참여 승경도놀이(남인사마당)

실기실습 승경도놀이(미래학교 전통놀이 지도사범)

연수과정 승경도놀이(미래학교 전통놀이 지도사범)

팔괘패(八卦牌)놀이,
태극기의 원리를 배운다!

안두옥
ado1283@hanmail.net
(사)한국의 재발견 궁궐지킴이
전통놀이 지도사범

김연식
younw50@naver.com
(사)한국의 재발견 궁궐지킴이
전통놀이 지도사범

동아시아의 고대사회에서는 음주(飮酒)와 사교(社交), 그리고 행사의례, 제례(祭禮) 등이 유희(遊戲)와 연계되는 특성을 갖는다. 놀이를 통해 술을 마시고, 서로 교류하며, 놀이도구는 의례와 제례의 기물(器物)로도 활용된다. 이런 방식의 놀이를 주령형(酒令型)이라고 부른다. 후기신라 시기에 안압지에서 출토된 14면 주령구(酒令球)는 대표적인 주령형 놀이의 유습이다.

팔괘패 놀이의 3가지 유형적 특성		
판놀이(局戲:국희)	칠교도형	주령형
탁자 등에 판을 펼쳐 놀이하는 유형	놀이말을 짝맞추어 승부를 결정하는 유형	놀이의 과정과 목표가 음주의례와 관련있는 유형

전통문화원리의 핵심인 주역의 괘상(卦象) 등을 익히는 팔괘패(八卦牌) 놀이는 주령형(酒令型) 놀이의 일종이다. 또한 탁자나 마당, 마루바닥 등에 놀이판이나 놀이말을 놓고 놀이하는 판놀이에 속한다. 놀이윷과 놀이판이 없이 오로지 놀이말로 짝을 맞추어 승부를 짓기 때문에 칠교도형 판놀이로도 분류된다.

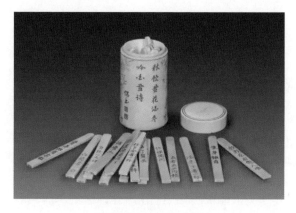

주령구형 판놀이 : 한시놀이

64괘령의 역사

동아시아는 17세기부터 상업의 발달, 민중의 성장, 대중문화의 확산이 본격화되는 시기에 접어든다. 이 시기에 여러 전통놀이가 유희의 목적과 함께 유교이념, 불교사상, 관직체계 등을 놀이를 통해 익히려는 교육목적의 판놀이가 수없이 등장한다.

기물의 모양과 도형을 배우는 칠교도(七巧圖), 관직체계를 익히기 위한 승관도(승경도), 불교사상을 체득하려는 성불도, 유교이념을 설계한 작성도(作聖圖) 등을 꼽을 수 있다. 또한 동아시아 전통력의 핵심개념인 24절기와 72후를 학습하는 72후령(七十二候令)이 있다.

주령구에 쓰이는 주사위

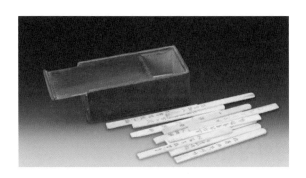

주령구형 판놀이 : 지시막대를 뽑는 음주놀이

주령구형 판놀이 : 주사위를 던지는 음주놀이

64괘령은 72후령과 같은 유형으로, 동아시아 전통문화원리인 주역
의 64개 괘상(卦象)을 익히기 위한 교육적 목적의 대표적 지패(紙牌)놀
이의 하나이다. 지패놀이는 딱딱한 종이로 말을 만들어 놀이하는 유형
의 판놀이이다. 64괘령은 청나라시기에 절강성 수지현 현승, 덕청현 지
현 등 낮은 관직을 역임한 동엽경(童葉庚:1828-1899)이란 학자가 창안
하였다.

64괘령의 창안자, 동엽경

8패패는 중국 청나라 후기의 인물인 동엽경(童叶庚:1828-1899)이
창안하였다. 동엽경은 절강성 수지현 현승, 덕청현 지현 등 낮은 관직

을 역임한 관리였지만, 금석문, 서화, 놀이 등 세상의 일상에 관심이 많았다.

64괘령의 창안자 : 동엽경(1828 - 1899)

칠교도형 짝맞추기 : 익지도

동엽경이 창안한 놀이는 육십사괘령(축소 : 팔괘패)과 더불어, 대표적인 짝맞추기 유형의 익지도(益智圖), 익지도 속도(益智图 續圖), 그리고 익지도보다 더욱 정교하고 복잡한 익지연궤도(益智燕几圖)가 있다. 또한 한자를 응용한 습자놀이인 익지도 천자문(益智圖 千字文), 익지자도(益智字圖)가 있다. 교육적 목적의 여러 판놀이를 창안한 동엽경의 작품 가운데 최고봉은 역시 64괘령이다.

64괘령 놀이말의 형태

판놀이는 놀이도구의 내용에 따라 놀이말만 있는 칠교도형, 놀이판과 놀이말이 있는 바둑판형, 놀이판과 놀이말과 놀이윷이 있는 윷놀이형으로 나누는데, 64괘령은 놀이말만 있는 칠교도형의 판놀이다.

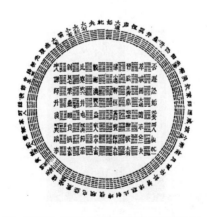

64괘령 : 6개의 놀이말로 64괘의 특정한 괘상을 맞추는 놀이

64괘령의 놀이도구는 놀이윷과 놀이판이 없이 단지 50개의 놀이말로 구성된다. 놀이말은 막대형이고 막대에 글자와 도형을 새겼다. 우선 가장 중요한 놀이말이 되는 것은 막대의 상단에 령(令), 하단에 주관(酒官)와 감관(監官)을 새긴 2개의 말이다. 나머지는 6개를 한묶음으로 하여 모두 똑같은 도안의 8개조로 구성된 48개의 놀이막대가 있다.

놀이통 : 50개의 놀이막대를 넣은 놀이통

주감과 영관(령관) : 각 1개씩 있는데 특별한 권리와 혜택을 누림

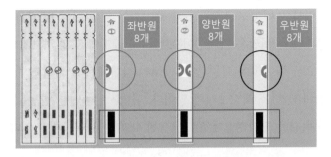

양효 : 양반원, 좌반원, 우반원 등 총 24개로 구성

6개를 한묶음으로 하는 각 막대의 상단에는 령(令)이 그려졌고, 6개 가운데 3개는 하단에 도형이 하나로 이어진 양효(陽爻)를 그리고, 각각에는 중단에 각각 우반형의 반달, 좌반형의 반달, 좌반형과 우반형의 반달을 그렸다. 다른 3개는 도형이 2개로 끊어진 음효(陰爻)를 그렸다. 각각의 중단에는 우반형, 좌반형, 좌변형과 우반형의 반달을 그렸다.

64괘령의 변화, 팔괘패놀이

원래의 놀이원형은 64괘령(六十四卦令)이지만 현실적으로 64괘를 모두 맞추고 익히기에는 어려움이 있다. 그래서 대중적 확산과 이해를 위해 64괘 가운데 매우 중요한 8괘를 익히는 놀이로 축소하여 재구성한 것이 팔괘패놀이이다.

주역의 괘상은 기본적으로 음효와 양효 3개로 구성되는 8개를 기본으로 하는데, 이를 소성괘라 부르며, 3개의 괘상과 같은 모양의 3개를 합하여 6개의 괘상으로 이루어진 게 대성괘이다. 팔괘패놀이는 6개의 놀이막대로 8개의 대성괘를 짝맞추면 승부가 나는 판놀이이다.

포석 : 팔괘패놀이를 하기위해
50개의 놀이말을 놀이통에 넣은 모습

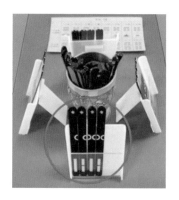

기본패 : 4개의 패를 가져와 놓은 모습

선정하기 : 4개 기본패에서 1개를 내놓아 순서의 높낮이에 따라 선을 정함

팔괘패놀이의 방법

선 정하기

팔괘패놀이는 2인 이상-8인까지가 가능한 인원이지만, 4명이 놀이하기에 가장 적당한 숫자이다. 우선 50개의 산대를 산통에 넣고 흔든다. 각자 4개씩 가져가고, 그중에서 1개를 내놓는다.

내놓은 패를 보고 선을 정하는데, 산대의 서열은 주감-령관-양효(좌반원, 양반원, 우반원)-음효(좌반원, 양반원, 우반원)로 정한다. 주감과 령관은 어떤 패든 통용되는 무적의 패이므로 선을 정하는데 내는 것은 경기를 포기하는 것과 같다.

패 돌리기

각자 4개씩 가져가고, 4개중 1개를 내놓는다. 선부터 1개씩 가져가고 6개가 될 때까지 가져간다. 순환의 순서는 시계방향의 반대이다. 서양놀이인 포커와 비슷한 방식으로 패를 돌린다.

6개로 대성괘를 못 맞추면 계속하다 괘를 이룬 사람이 '대성괘'라 외치면 끝이난다. 그런데 상대가 높은 대성괘를 숨기고 있다가 내놓으면 오히려 독박이 된다.

짝맞춤 : 6개의 놀이말이 들어오면 짝맞추기 기본형이 구성됨

중뢰진 : 4번재로 높은 중뢰진괘를 완성한 모습

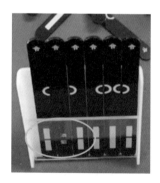

중수감 : 원래 짝을 맞추지
못했는데 5번째 주감이 모든 패를
대행할 수 있어서 6번째
중수감패를 이룬 모습

점수내기

대성괘를 이루면 2점이며, 10점을 내면 승자가 된다. 만일 대성괘를 이루지 못하고, 소성괘로 승부가 나면 1점이다. 소성괘도 이루지 못하면 승부가 나지 않은 판으로 간주한다.

주감(酒監)과 령관(令官)

주감패와 령관패는 8개의 산대 어느 것으로도 짝을 맞출 수 있는 특권이 있다. 주감패는 령관패보다 우위이다.

짝 맞추기

음효-음효, 음효-양효, 양효-양효의 산대는 동심원을 이루어야 짝 맞추기가 성공한다. 팔괘패의 서열은 건태리진손감간곤이다.

대성괘 : 팔괘패놀이는 6개놀이말로 대성괘를 맞추는 놀이, 순위는 건-태-리-진-손-감-간-곤

칠교도(七巧圖),
지혜를 키우는 놀이!

권분경
Katarina728@naver
강강술래 놀이꾼
전통놀이 지도사범

황보희
sobinlove2@naver.com
빛길마리 교육개발원 대표
전통놀이 지도사범

칠교도(七巧圖)는 일곱 개의 조각으로 여러 가지 모양의 도형을 맞추는 조합형 판놀이다. 조합의 과정을 통해 공간에 대한 이해, 사물의 형태와 구조, 도형의 조합에 대한 판단 등을 기르는 지혜형 놀이로 많은 사람들의 사랑을 받고 있는 전통 판놀이이기도 하다.

칠교도 : 중국 고궁박물원 소장

칠교도의 명칭

칠교도(七巧圖)는 일곱 개의 조각(七片:칠편)으로 숱한 도형(圖形)을 교묘(巧妙)하게 맞춘다는 의미로 붙여진 이름이다. 시대와 문헌에 따라 칠교판(七巧板), 지혜판(智慧板), 칠교패(七巧牌) 등으로 불리웠다.

칠교는 형태가 다른 정방형의 얇은 나무 조각 일곱 개로 인형·사물·글자·풍경 따위를 짜는 놀이이다. 옛적에는 찾아온 손님이 기다리는 사이에 놀게 하여 유객판(留客板) 또는 유객도(留客圖)라 불렀다. 중국에서는 지혜판(智慧板)·걸교판(乞巧板)·칠교패(七巧牌)·기교판(奇巧板)이라 한다.

– [네이버 지식백과] 칠교놀이(동아시아의 놀이, 김광언)

칠교도는 공간구성의 지각능력, 사물형태의 이해능력, 도형조합능력 등을 기를 수 있는 지혜놀이였기 때문에 조선 후기에 여러 사대부 가문에서는 자녀교육의 중요한 자료로 활용하였다. 승경도가 출세와 가문을 위해 배우는 관직습득형 동기부여 놀이였다면 칠교도는 자녀들의 재능육성형 교육놀이였다.

칠교도의 역사

___

  칠교도는 처음부터 오늘날의 모습으로 시작된 것이 아니라, 지도를
만들거나 건축설계, 탁자설계, 창문의 설계 등 기술적 전승과정에서 판
놀이 형태의 놀이로 발전한 것으로 본다. 그것의 기원은 여러 학설이
있는데 대략 3가지의 전승과정을 거쳐 칠교도가 탄생된 것으로 본다.

문헌속의 칠교도형

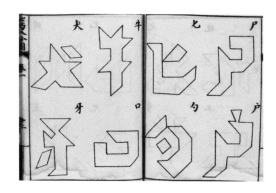

한자로 만든 칠교도형

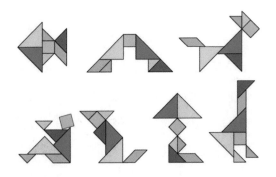

일반적인 칠교도형

남북조 사장의 방장도

우선은 중국의 남북조시기 송나라(420-479) 출신의 상서령 사장(謝莊:421-466)이 만든 〈방장도(方丈圖)〉에서 시작되었다는 견해가 있다. 〈방장도〉는 전국의 주군(州郡)을 형태와 크기에 따라 나무조각으로 만들어 하나의 틀에 맞춘 지도를 말한다. 역사서인 〈남사(南史)〉에 따르면 "산천과 땅에는 각기 이치가 있다. 떨어지면 각 군의 모양이 다르지만, 합치면 하나가 된다"고 하였다. 이와같이 여러 조각을 맞추어 하나의 지도를 만드는 과정이 칠교도의 기원이 되었다는 후대의 인식이다.

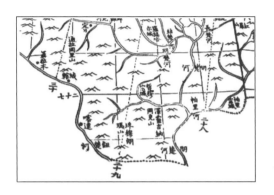

방장도 : 사장(421-466)

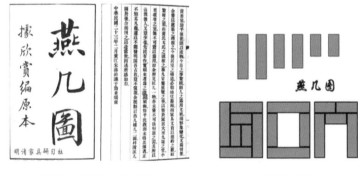

연기도 : 황백사(1079-1118)

연기도 도형

북송 황백사의 연기도

두 번째는 북송시기(960-1127)에 문자학자이면서 서법가로 이름을 날린 황백사(黃伯思 : 1079-1118, 자는 장예, 長睿)의 〈연기도(燕幾圖)〉에서 기원하였다는 주장이 있다. 〈연기도〉는 여러 나무판을 조합하여 탁자를 만드는 설계도로 기능상 칠교도에 가깝다고 볼 수 있다.

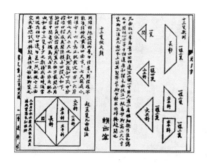

접기보 : 엄징(1547~1625)　　　　　　　도로바닥에 활용하는 접기보

명나라 엄징의 접기보

　세 번째는 명나라 시기에 탄금(彈琴)의 명인이며 우산금파(虞山琴派)
의 창시자인 엄징(嚴澄:1547-1625)의 〈접기보(蝶幾譜)〉에서 시작되었다
는 얘기가 있다. 접기보는 여러 개의 나무조각으로 하나의 형태를 만드
는 기법으로 대략 100여 종이 있는데 바닥이나 마루판을 만드는데 사
용하였다.

칠교도의 형성

————

　칠교도는 〈방장도〉, 〈연기도〉, 〈접기보〉의 전래과정을 거쳐 청나라
중-후기에 이르러 칠교도로 종합된 것으로 유추할 수 있다.

칠교팔분도 : 칠교도 도형종합. 이칭은 추분실칠교도(秋芬室七巧图)

　청나라 후기 의학자인 육이첨(陸以湉 : 1802-1865)의 저작인《냉로잡지(冷盧雜識)》의 기록에 "근래에 7개의 도형으로 만드는 칠교도(七巧圖)는 그 수가 천여 종에 이른다. 여러 가지 물체를 나타낼 뿐만 아니라 변화 또한 다양하여 사람들이 매우 즐긴다"라는 기록으로 보아 이때에 이미 시중에 널리 유행하고 보편화 되었다는것을 알 수 있다.

　1820년에 나온《칠교도보(七巧圖譜)》에는 이미 전반부에 문제를, 후반부에 해답을 수록하였고, 칠교신보, 칠교도합벽과 같은 여러 종의 칠교도 소개책자가 이 시기에 등장하였다.

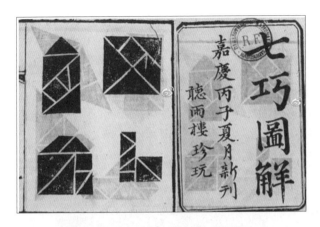

칠교도해 : 청나라 시기 1815년 상하객(桑下客)

칠교도합벽 : 청나라 시기 1813년 벽오거사(碧梧居士)

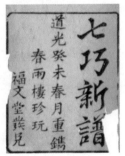

칠교신보 : 청나라 시기
1829년 상하객(桑下客)

칠교도의 조선전래

칠교도가 조선에 전래된 시기는 병자호란 이후이다. 그전의 조선 문헌에서 7교도, 칠교판, 칠교패와 같은 명칭이 나타나지 않기 때문이다. 그런데 조선에서 간행된 칠교도 문헌의 여러 그림들은 대부분 중국의 기물(器物)이란 점을 볼 때 중국 저술의 칠교도가 그대로 전해진 것으로 볼 수 있다.

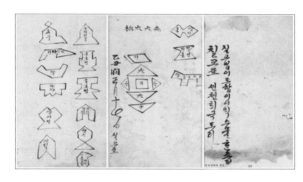

조선시대 칠교도 : 국립중앙도서관 소장

우리나라에서 저술된 칠교도 문헌은 국립중앙도서관 소장본 〈칠교도〉가 있는데 탑, 솥 등 400여 점의 도형을 수록하고 있다.

장서각(藏書閣) 소장의 칠교도 문헌은《칠교해(七巧解)》인데 정자, 종을 다는 종대, 찻집 등 350여 점의 도형을 다루고 있다. 이 두 문헌을 통해 중국의 칠교도가 조선에 그대로 수용되었음을 확인할 수 있다.

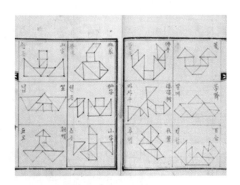

조선시대 칠교해 :
국립중앙도서관 소장

조선시대 칠교해 :
국립중앙도서관 소장

칠교도의 제작방법

국립중앙도서관 소장의 〈칠교도〉 책자에는 칠교도의 7개 조각을 만
드는 방법이 제시되어 있다. 작법을 보면 정사각형의 도형을 대각선으
로 절단하고, 그 한쪽면을 다시 2등분하여 대형 삼각형 2개를 만든다.
나머지 한쪽면은 각 면의 중간을 이어 중형 삼각형 1개를 만들고, 다른
한면으로는 소형 삼각형 2개와 정사각형 1개, 마름모형 사각형 1개 등
총 7개의 조각을 만든다.

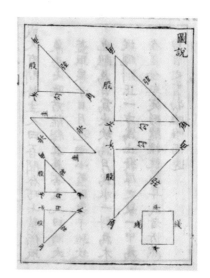

칠교도 작법 : 국립중앙도서관 소장의 칠교도   칠교도 조각별 명칭

칠교도의 놀이방법

칠교도는 7개의 조각으로 다양한 형태의 도형을 만드는 지혜놀이이
고, 이를 통해 (1)공간구성의 지각능력, (2)사물형태의 이해능력, (3)도
형조합능력 등을 기를 수 있다. 놀이방법은 사물의 외형이 그려진 도
형을 제시하고, 7개의 조각을 공간에 채워 해답을 찾는다. 문헌자료인
〈칠교도〉에서 제시된 도형은 대략 1450여개 정도이며, 고대 사물을 이
해하는데 많은 도움이 되고, 현대적인 도형의 경우에도 창의적인 감각
을 키울 수 있다.

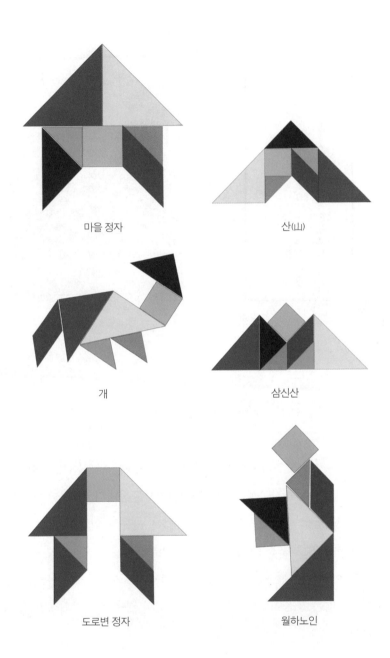

마을 정자

산(山)

개

삼신산

도로변 정자

월하노인

성불도(成佛圖) 놀이,
붓다의 깨달음을 배운다!

주정자
todayisnumber1@hanmail.net
한국전통놀이학교 교장
미래학교 전통놀이 전임교수

이명자
qgod9988@hanmail.net
한국역사인문교육원 지도교수
미래학교 전통놀이 전임교수

박미정
mijung703@naver.com
성남청소년역사인문학교 대표
미래학교 전통놀이 전임교수

성불도(成佛圖)는 불교사상과 불교이론을 알기 쉽게 이해하도록 만든 도표이다. 수십여 칸에서 백여 칸에 이르는 항목마다 불교역사와 불교문화, 불교장소, 불교종파, 불교인물들을 채워 넣었기 때문에 일목요연하게 불교와 그 창시자인 석가모니의 삶 등을 빠르게 알아볼 수 있고, 불교교리의 요체를 전체적으로 파악할 수 있다는 점이 가장 특징적이다. 이 도표를 놀이형태로 만든 게 성불도(成佛圖)라는 판놀이(국희:局戲)이다.

전통놀이 판놀이(국희 : 局戱)의 3가지 유형		
골패형	고누형	저포형
놀이말(패, 카드)로 진행하는 판놀이	놀이말과 놀이판이 있는 판놀이	놀이말, 놀이판, 놀이윷으로 하는 판놀이
마작, 칠교도, 화투, 카드	바둑, 장기, 타마, 체스	윷놀이, 쌍륙, 승경도, 육박

  보통 종교사상은 책으로 배우거나 신앙생활로 알게 되는 것이 일상이다. 어렵고 힘든 배움과 신앙이기에 많은 시간과 노력이 필요하다. 그래서 수많은 방법론이 등장한다. 책, 강연, 그림, 조각, 벽화 등의 여러 소재를 통해 교리를 안내하거나 배우도록 한다. 이중에서 놀이는 독특한 소재이고 방법이다. 그래서 성불도놀이는 더욱 특별한 관심의 대상이다.

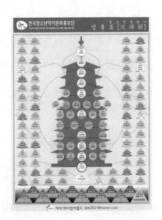

성불도 : 한국역사인문교육원 제작(신본)

성불도놀이(구본)의 역사

———

성불도놀이는 복잡하고 다양하고 폭넓은 불교역사와 불교교리를 놀이형태로 만든 대표적인 판놀이이다. 여러 기록에 따르면 성불도놀이는 고려시대부터 있었다고 전해진다. 어려운 교리 등을 도표로 만들고 이를 놀이형태로 만든 목적은 간단하다. 놀이만큼 호기심과 참여도, 관심과 정성을 기울이는 소재가 드물기 때문이다. 교리를 가르치는 목적에 가장 부합되는 방법으로 놀이를 활용하는 것이다.

서산대사

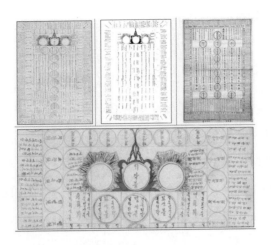

성불도 : 장서각 소장본(구본)

그럼 언제부터 성불도놀이가 만들어졌고 유행하였을까? 조선시대 성현(1439-1504)이 1525년에 지은 《용재총화(傭齋叢話)》라는 문헌기록에 따르면 조선 초기에 하륜이 관직체계를 배우는 승경도를 만들었는데, 이때 고려시대의 성불도(成佛圖)를 기초로 하였다고 전한다. 다만 실물이 전해지지 않기 때문에 고려시대 성불도의 형태와 모습이 어떠하였는지 확인할 수가 없다.

그리고 시간이 흘러 조선 중기에 서산대사(1520-1604)가 성불도를 재창안하였고, 이것이 오늘날 전해지고 있기에 이를 구본(舊本)이라고 정의하고, 현대에 이르러 구본의 어려움을 정리하여 쉽게 배우고 즐길 수 있도록 새로운 성불도가 나왔는데 이를 신본(新本)이라 하겠다.

중국의 성불도놀이(명본)

서산대사의 성불도 구본(舊本)보다 1백여 년 뒤에 중국 명나라에서도 성불도가 출현하였다. 이를 편의상 명본(明本)이라고 이름하였다. 명본의 창안자는 우익대사(1599-1655)이다. 명본의 놀이판은 서산대사의 구본과 거의 비슷하다. 조선시대 서산대사의 구본과 중국의 명본은 상호간의 전승여부가 주목되는데 아직 두 놀이판본의 연관성은 드러나지 않았다.

우익대사

성불도(명본)

성불도(명본)

 두 성불도 놀이판에 있는 도표의 구성은 서로 크게 다르지 않다. 따라서 상호간의 영향은 있을 것으로 유추한다. 이에 반하여 두 본의 뚜렷한 차이점은 윷으로 쓰는 주사위의 개수이다. 서산대사의 구본은 3개의 주사위를 쓰고, 우익대사의 명본은 2개의 주사위를 쓴다. 경우의 수가 다르기 때문에 놀이의 최종 승부처인 대각(大覺)에 이르는 결승은

같지만 놀이말의 행마는 다를 수밖에 없다.

조선의 성불도놀이(구본)의 내용구성

———

서산대사의 성불도 구본(舊本)은 한국학 중앙연구원에 소장되어 있다. 이를 바탕으로 재현한 성불도 놀이판은 두 종류가 현재 유통중인데 통칭하여 구본(舊本)에 속한 놀이판이라고 이름하였다. 구본은 원래의 놀이판을 약간 변형하여 만든 놀이판으로 그 형태에 따라 사각형판과 원형판이 있지만 방법은 거의 유사하기 때문에 놀이방법은 거의 같다.

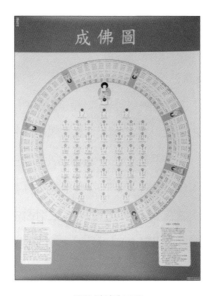

구본 원형판(변형)

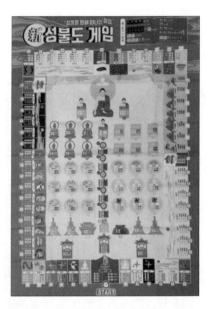

구본 사각판(변형)

　출발점은 인간세계인 인취(人趣)이고, 도착점은 대각(大覺)이다. 주사위 정육면체에는 각각 나무아미타불(南無阿彌陀佛)이 새겨져 있다. 놀이판에는 다양한 불교의 교리가 그려져 있다. 지옥, 아귀, 축생, 수라, 인, 천계의 6도와 여러 지옥이 있으며, 주사위 3개를 던져 나온 경우의 숫자에 따라 말을 움직인다. 순탄하게 수행이 이루어져 대각에 이르기도 하고, 죄를 지어 지옥으로 떨어지기도 한다. 조선시대 전통놀이인 승경도와 승람도가 성불도를 바탕으로 만들어졌기에 놀이방법을 익히는데 큰 문제는 없다.

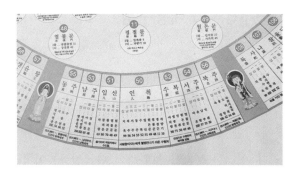

인취 : 출발

6도윤회 : 지옥, 축생계 등

대각 : 마침

성불도놀이(신본)의 내용구성

성불도 구본은 수행을 하는 승려를 위해 만든 놀이의 성격이 강하다. 따라서 어느 정도 교리를 알고 있을 경우에는 쉽게 접근할 수 있지만, 불교이론에 대한 초보적 지식을 지닌 놀이참여자는 매우 어렵게 느낄 수밖에 없다. 이러한 문제를 보완하여 한국전통놀이학교(한청단+미래학교)에서는 기존의 서산대사가 창안한 성불도를 바탕으로 석가모니의 일생과 불교의 세계관인 수미산을 두 개의 기본축으로 삼고, 지옥도를 추가하여 새로운 모습으로 재창안하였다. 이를 신본이라고 정의한다. 신본은 인간세, 수미산, 지옥도 등 3개의 분야로 구성하였다.

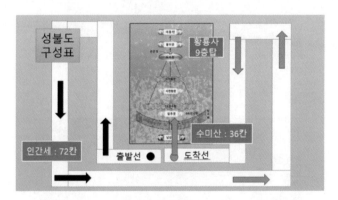

성불도 구성도

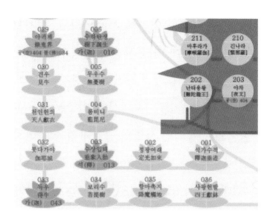

인간세

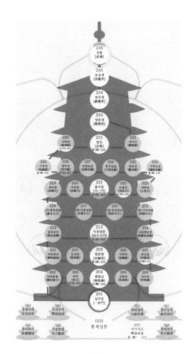

지옥도

신본은 석가모니의 일생을 인간세로 정의하고, 석가모니의 탄생부터 열반까지를 시간적 흐름에 따라 시간의 상징수인 72개의 칸으로 구성하였다. 수미산은 불교의 공간적 세계관을 상징하며, 공간의 상징 숫자인 36개의 칸으로 구성하였다. 수미산은 일주문에서부터 대웅전 석가모니상까지 한국의 전통적인 사찰의 공간구성을 구현하였다. 현실세계에 있는 한국의 사찰공간을 놀이판에 그대로 옮겨와 적용하였다. 그리고 지옥도는 10대지옥과 8열지옥, 8한지옥 등 전통적인 불교의 지옥세계를 구성하였다. 그리고 불교의 불살생 원칙에 따라 지옥도의 끝에 하나의 예외 공간을 두었는데 훗날 미래불로 인간세에 출현하는 미륵보살이 거주하는 용화전이다.

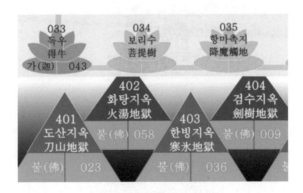

지옥도

성불도놀이(신본)의 도구

성불도놀이(신본)의 도구구성은 윷놀이형 판놀이처럼 놀이판, 놀이윷, 놀이말 3가지로 구성된다. 우선 놀이판의 경우, 성불도 신본은 참여자의 참여동기와 접근성을 쉽게 하고자 놀이판을 인간세, 수미산, 지옥도 3분야로 나누어 배치하였다.

또한 구본(舊本)에서는 주사위 3개를 사용하여 경우의 수가 복잡하고 인지하기가 어려워 놀이의 대중화에 약점으로 보았다. 이에 따라 놀이판을 조선시대의 대표적 판놀이인 승경도와 승람도와 같은 형식으로 만들고 이에 병행하여 놀이윷도 1개로 단순화하여 놀이의 몰입도, 인지도, 접근성을 높였다. 놀이윷은 정육면체의 주사위를 쓴다. 주사위의 면에는 석, 가, 모, 니, 불, 공을 각각 새기고, 글자의 윷사위에 따라 말을 움직인다.

놀이판(한국역사인문교육원 신본)

놀이말은 두 편, 세 편 이상으로 나누어 진행하는 것을 고려하여 불교적 색채가 깊은 범탑(梵塔), 범종(梵鐘), 법고(法鼓), 법등(法燈)과 같은 기물을 사용한다. 다만 대부분의 판놀이는 두 편으로 나누어 승부를 겨루는 경우가 많기 때문에 기본말은 범탑, 범종으로 한다.

주사위 : 석가모니불이 새겨진 정육면체 주사위

놀이말로 사용하는 범탑과 범종

성불도놀이(신본)의 놀이방법

성불도놀이(신본)는 성불을 위한 수행과정을 놀이형태로 만들었다.
출발점에서 시작하여 도착점에 이르면 승리한다. 놀이방법은 다른 판놀이인 승경도와 승람도, 구구소한도 등과 비슷하기 때문에 익히는데 어려움이 없다.

쟁선[爭先], 선 정하기

석가모니불(釋迦牟尼佛)과 공(空)이 새겨진 정육면체의 주사위를 던져, 불, 니, 모, 가, 석, 공의 순서대로 선을 정한다. 선을 정하기 위해 던진 윷사위는 본선에서는 쓰지 않는다.

윷사위의 일반 행마

성불도 놀이윷은 석가모니불공이 새겨진 정육면제 주사위를 사용한다. 윷사위의 행마기준은 석(釋)일 경우 1칸, 가(迦)는 2칸, 모(牟)는 3칸, 니(尼)는 4칸, 불(佛) 5칸을 간다. 공(空)은 허수(虛數)로 0이다.

성불도놀이의 윷사위

윷사위의 특별 행마

놀이방법의 다양성과 변수를 위해 윷사위마다 행마에 특별한 조건이 있다. 어느 특정한 지시칸에서 불(佛)이 나오면 성불에 이르는 동선으로 도약(跳躍)하거나 지옥도에서 탈출한다. 어느 지시칸에서 공(空)이 나오면 지옥도로 떨어진다. 석과 가는 지시칸에서 앞으로 전진하고, 모와 니는 지시칸에서 뒤로 후퇴한다.

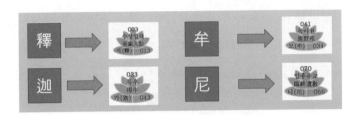

인간세의 지시칸 윷사위 : 석가모니

수미산의 지시칸 윷사위 : 석가모니

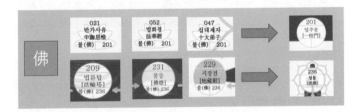

지시칸 윷사위 : 불

지시칸 윷사위 : 공

격마와 재투

전통적인 윷놀이, 승람도, 저포 등에서는 상대의 말을 잡는 격마(擊
馬)가 있는데, 성불도놀이에서는 상대말을 잡는 윷사위는 없다. 또한 윷
놀이에서는 윷과 모, 또는 격마의 경우에 재투가 있는데 성불도놀이는
재투가 없다.

승패의 조건

인간세 72칸과 수미산 36칸을 지나면 성불에 이르고, 이곳을 벗어
나면 승리한다. 반대로 상대방이 지옥도에 떨어져 끝내 탈출하지 못하
고 지옥도의 끝을 지나 미래의 시간을 기다리는 용화전에 이르면 나는
승리이고, 상대는 자동으로 패배한다.

성불도놀이(신본)는 석기모니의 일생인 인간세, 불교사찰의 공간
세계인 수미산, 그리고 죄를 지으면 떨어지는 지옥도, 이 3개의 분야
를 놀이판에 구현하여 놀이하는 과정에서 자연스럽게 불교의 교리를
배우고, 깨달음과 선악의 구분, 선행의 실천을 스스로 자각하게 만들
었다.

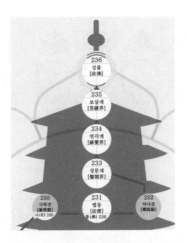

성불 : 승리

지옥도

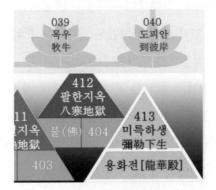

미륵하생 : 패배

시민참여 성불도놀이 : 남인사마당   성불도 연수교육 :
천안레크리에이션 놀이지도강사

성불도 실기실습 : 미래학교 전통놀이 지도사범

여러 판놀이를 만나다 ━━━

놀이세계의 다양성을 찾아서!

김형미

naibbi@naver.com
책놀이 전문가
전통놀이 지도사범

우덕희

dducky01@naver.com
궁궐문화원 문화유산 전문해설사
전통놀이 지도사범

판놀이는 한자어로 국희(局戲)라고 하며, 일반적으로는 보드게임(Board Game)이라고 한다. 체스, 바둑, 장기, 마작과 같이 역사적으로 전승되어 현재에도 놀이로 살아있는 판놀이는 전통보드게임이라고 부른다. 판놀이는 전통놀이 가운데 가장 복잡하고 역사성이 높다. 향후 판놀이의 전승과 계발이라는 관점에서 크게 전통형, 발굴형, 창작형으로 나누어 소개한다.

전통형 판놀이

———

판놀이는 지혜를 겨루는 놀이이다. 역사적 계승성과 문헌적 근거가 있는 대표적인 전통놀이이다. 대표적인 판놀이로 바둑, 장기, 마작, 골패, 투전, 윷놀이, 쌍륙, 육박, 참고누, 승람도, 승경도를 들 수 있다. 이중에서 윷놀이, 육박, 저포, 쌍륙, 참고누, 승람도, 승경도는 독립된 항목으로 소개하고 있다.

육박놀이

승경도놀이

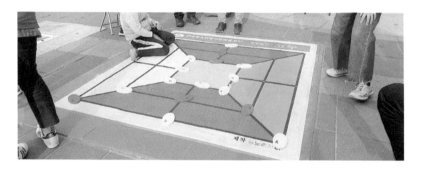
참고누놀이

　바둑, 장기는 동아시아 전통의 판놀이로서 서양에서 기원하여 널리 알려진 카드(브릿지), 체스와 함께 아시안게임 정식종목이다. 이는 바둑과 장기가 판놀이의 역사에서 차지하는 위상을 보여주는 것이다. 바둑은 한자어로 위기(圍碁)라고 하는데 동양철학의 기본인 음양원리(陰陽原理)와 우주관이 반영된 판놀이로 놀이형태가 가장 복잡하며 변화가 많은 놀이이다. 장기(將棋)는 중국의 역사인 초한전쟁(楚漢戰爭)을 바탕으로 만들어진 기국형(棋局型) 판놀이라 하겠다. 조선시대에 바둑이 주로 사대부를 중심으로 퍼졌다면 장기는 서민의 놀이라 하겠다.

바둑, 장기와 함께 동아시아에서 가장 널리 보급된 판놀이는 마작(麻雀)과 골패(骨牌)이다. 중국어로 마작(麻雀)은 참새라는 뜻이다. 마작은 150여 년 전에 짝을 맞추는 여러 지패(紙牌) 놀이를 종합하여 만들어져 아주 빠르게 유행한 판놀이이다, 이름의 기원은 놀이패를 섞을 때 부딪히는 소리가 참새가 우는 소리와 같다고 해서 붙여졌다. 마작의 놀이패는 숫자가 그려진 수패(數牌) 36개, 원이 그려진 통패(筒牌) 36개, 줄이 그려진 삭패(索牌) 36개, 동서남북과 중발백(中發白)이 그려진 자패(字牌) 28개, 춘하추동과 매난국죽이 그려진 화패(花牌) 8개 등 총144패로 구성된다. 4명이 한 조를 이루고 패를 돌려 14개의 패를 나누어 갖고 계속 패를 내고 패를 가져와 짝의 모양에 따라 점수를 내서 승부를 겨룬다.

마작 하는 장면

골패 : TV문학관 골패　　　　　　　　투전 : MBN사극 투전

　　골패는 조선시대에 투전과 함께 가장 널리 행해진 판놀이이다. 골패
(骨牌)는 숫자를 맞추는 전통놀이이다. 마작이 모양을 맞추어 노는 것과
비교된다. 골패와 가장 유사한 숫자 맞추기 놀이는 투전(鬪牋)이다. 투
전은 일(一)에서 10(十)이 그려진 종이패 40목, 또는 60목, 80목을 갖
고 숫자를 맞추거나 두 장으로 끝수를 겨루는 놀이로 승부가 빠르게 결
판나기 때문에 도박형 놀이로 흘렀다. 골패도 투전과 비슷한 길을 걷
는데, 향촌에서는 윷점과 같이 운수를 보는 도구로도 이용되었다. 골패
는 각각의 패에 1에서 6까지 숫자에 해당되는 점이 상하로 새겨진 28
패형과 32패형이 있다. 4-5명이 한 패를 이루어 각각 골패 4-5개를 나
눠갖고 숫자잇기, 숫자맞추기 등을 해서 승부를 겨룬다. 숫자의 조합이
다양하여 놀이방법은 꼬리붙이기, 짝패내기, 동패내기, 끝수겨루기 등
60여 종이 알려져 있다.

발굴형 판놀이

역사적 계승성과 문헌적 근거는 뚜렷하지만 어느 순간에 전승이 단절된 판놀이를 오늘의 현실에 살린 것들을 발굴형이라 하겠다. 한국전통놀이학교에서 찾아내고 고증하여 보급중인 발굴형은 저포, 육박, 성불도, 구구소한도 등이 있다. 이들 판놀이는 한국역사인문교육원(미래학교)의 민간자격증인 '전통놀이 지도사범' 양성과정에서 보급중이고, 전국적인 초등학교 돌봄과정인 '늘봄학교'에서도 전승이 추진중이다.

또한 문헌 속에 잠들어 있는 판놀이가 여럿 있는데 이것들도 복원하여 보급할 수 있는 발굴형이라 하겠다. 예를 들면 중국의 전국시대를 배경으로 하는 7국장기(七國將棋), 3국시대를 배경으로 하는 3국기(三國棋), 교육적 목적이 뚜렷한 발굴형 판놀이로 주역(周易)의 괘상을 배우는 64괘령, 계절과 기후를 배우는 72후령(七十二候令)도 있다.

구구소한도

성불도

육박

창작형 판놀이

———

창작형 판놀이는 여러 주제와 결합되면 가능성이 무한대로 늘어난다. 수원화성, 경주역사지구, 세계문화유산 등 지역별 문화유산과 결합한 교육형 승람도를 창작할 수 있다. 또한 마을단위의 생산품이나 특산품을 승람도에 결합하여 지역 특산물을 홍보하고 판매를 촉진하는 판놀이를 구상할 수 있다.

현재 창작형 판놀이 가운데 가장 알려진 것으로는 전주한옥마을의 명소를 둘러보는 슬로우 보드게임 '전주한옥마을'이 있다. 우리말을 신나게 배우는 한글보드게임 '술레'도 눈에 띈다. 전통문화를 익히는 '전통문화학습 자석보드게임'도 현실에서 만날 수 있는 창작형 판놀이

궁궐도 : 경복궁

혼천도 : 세계기록유산 혼천전도

해전승첩도 : 이순신 극영화 한산

이다.

한국전통놀이학교에서는 현재 서울 궁궐을 놀이판에 구현한 궁궐도(宮闕圖), 전통적인 하늘의 별자리를 배우고 익히는 혼천도(渾天圖), 이순신 장군의 23전 불패신화를 놀이판에 구현한 충무공 이순신 해전승첩도(海戰勝捷圖), 불교의 전파경로와 불교문화유산을 한눈에 배우는 불적도(佛蹟迹圖) 등 창작형 판놀이를 구상하고 보급하기 위해 제작을 추진 중이다.

향후과제와 가능성

———

판놀이는 역사성, 유희성, 지혜성이 높은 놀이이고, 문화유산, 역사 지리, 명승고적, 동네상점 등 여러 주제를 응용하여 개발이 가능한 놀이이다. 전통적으로 계승되고 있는 전통형도 있고, 역사와 문헌 속에 잠들어 있는 판놀이를 발굴하고 고증하여 보급하는 발굴형도 있다. 그리고 교육형, 홍보형으로 새롭게 개발한 창작형 판놀이도 많은 이들의 관심과 흥미를 이끌고 있다.

지난 2019년 10월에 전주한옥마을에서 '기능성 보드게임 전시회'

보드게임 전시회

가 열렸다. 전라북도와 전라북도문화콘텐츠산업진흥원이 공동으로 진행한 보드게임의 창작 경연 및 전시회였다. 이날에 나름 농부다, 한글을 배우는 보드게임 등 33개의 보드게임이 소개되었다. 또한 이러한 우수 창작자를 양성하는 '교육기능성 보드게임지도사' 자격증 과정도 꾸준하게 개설하여 운영중이다. 이와 같이 판놀이는 현재에도 진행형이다. 미래의 가능성이 그만큼 크다는 뜻이다.

반갑다, 전통놀이 사용설명서!

반갑다, 전통놀이 사용설명서!
오랜 기다림의 끝에 결국은 이렇게 만나는구나.

전통놀이 보급과 전승의 현장에서 손과 발과 말의 성찬으로는 무엇인가 부족하고, 아쉬움이 계속 남는 까닭은 무엇일까? 늘 생각하고 생각해도 떠오르지 않고, 답을 구하고자 어딘가에 꼭 묻고 싶었다. 그리고 이제야 답을 찾은 듯하다. 바로 책이다. 지식과 경험을 담은 현장형 전통놀이 책이 그동안 없었던 것이다.

이 책은 전통놀이를 배우고 싶은 모든 이들에게 주는 작은 선물이다. 전통놀이 보급과 전승에 바쁜 전통놀이 지도강사 선생님들에게 드리는 그동안의 약속이다. 역사적으로 계속 이어져 오고 있다는 후손들의 어여쁜 목소리이다. 후손들이 선조들에게 들려주는, 선학들에게 보답하는 조용한 몸짓이다.

여럿이 참여하는 공동집필은 정말 어렵고 어려운 과정이다. 한 명한 명의 생각과 그동안의 땀과 노력이 깃든 소중한 결과물이다. 이제출간에 앞서 저작에 참여한 여러 선생님들의 목소리를 시대의 발자국으로 남겨 놓는다.

▬▬▬ 여럿이 함께 꿈을 꾼다는 것은 너무나 즐겁고 행복한 일이다. 20년의 역사를 자랑하는 학습공동체 미래학교에서 맺은 인연들이라서 더욱 그러하고, 그 꿈의 소재가 전통놀이라서 애틋하게 사무치는 그리움의 원천을 찾은 느낌이다. 한국사와 전통문화라는 시간과 공간의 깊은 숲에서 나와 드디어 현장의 너른 벌판으로 그 모습을 드러낸 전통놀이 사용설명서, 정말 반갑다!

– 오정윤

▬▬▬▬ 2019년 전 세계는 혼돈에 빠지기 시작했다. 코로나19 때문이다. 전 세계를 공포로 몰아넣었던 코로나로 긴 시간 세상으로 나오지 못하고 웅크리고 있었던 책이 있었다. 이제 그 책이 날개를 활짝 펴고 비상을 한다. 바로 《전통놀이 사용설명서》이다. 글쓰기에 참여했던 많은 분들이 애타게 기다렸던 책이다. 누구보다 가슴 졸이며 긴 시간 모든 과정들을 이겨내 주신 오정윤 교수님께 진심으로 감사드린다.

2023년 항저우 아시안게임에서는 바둑, 장기, 체스, 카드(브릿지)가 새로운 종목으로 선을 보였다. 필자는 기대해본다. 인고의 시간을 거쳐 나오는《전통놀이 사용설명서》로 인해 우리의 전통놀이가 아시안게임을 넘어 올림픽에 새로운 종목으로 등재될 날을 말이다. 새옹지마(塞翁之馬), 고진감래(苦盡甘來), 전통놀이 사용설명서가 나오기까지의 과정을 이렇게 표현하고 싶다.

- 주정자

간절함의 에너지가 모여 작품이 탄생했다. 바로《전통놀이 사용설명서》이다. 전통놀이 발굴에 앞장서 주신 거인 오정윤 교수님의 어깨에 옹기종기 붙어 함께한 미래학교 사람들의 결과물이다. 법고창신(法古創新)의 정신을 놀이판 곳곳에 담아 완성한 설명서이기도 하다. 이 책은 역사 문화적 가치를 지니기에 충분하며, 현장에서 전통놀이를 접할 수 있는 많은 이들에게 정겨운 벗으로 또는 스승으로 자리매김할 것이다.

- 이명자

드디어 전통놀이 사용설명서가 나온다. 전통놀이 사용설명서는 우리 민족이 오랜 시간 함께한 놀이를 소개했다. 시간과 공간을 함께 공유한 놀이가 체계적으로 정리되어 나오기까지 오랜 시간이 걸렸다. 코로나19 전염병의 대유행(팬데믹)이라는 세계 초유의 상황을 견

디고 나온 전통놀이 사용설명서, 이제 함께 놀아볼 시간만 남았다.

- 박미정

　　　■■■　　우연한 기회에 전통놀이를 배우러 왔다가 배움에서 끝나지 않고 많은 사람들에게 알려주고 싶은 마음이 생겼다. 그런데 오정윤 교수님과 여러 선생님들이 사용설명서를 만들고자 했다. 드디어 책으로 나오게 되었다니 너무나 기쁜 일이다. 사용설명서를 통해 사람들이 전통놀이에 쉽게 접근할 수 있는 기회가 되길 진심으로 기대해본다.

- 오미숙

　　　■■■　　전통놀이를 배우고 싶어서 참여했다가 이렇게 전통놀이를 알리는데 함께할 수 있어서 감사한 시간이었다. 오정윤 교수님의 주도하에 좀 더 전통놀이가 보급이 되도록 기존의 놀이판을 시각적으로 디자인 정리하고 새로운 놀이판(구구소한도)도 만들었다. 만드는 과정은 힘들었지만 이제는 정말 함께 놀아볼 시간만 남았다. 개인적으로도 너무 고마운 시간이었다.

- 박연하

━━━ 역사책에서만 들었다는 저포, 쌍륙, 승람도와 같은 전통놀이의 존재를 알려주는 것, 나아가 구구소한도, 육박, 성불도와 같은 판놀이가 문화공간에서, 집집마다, 학교의 현장에서 활발하게 펼쳐지는 상상의 날개짓, 전통놀이 지도사범들에게는 이런 소망과 기대감이 가득할 따름이다. 모든 이들에게 전통놀이의 즐거움과 행복이 닿기를 희망하면서, 이책의 탄생을 큰 박수로 맞이한다. 반갑다. 전통놀이 사용설명서!

- 조태희

━━━ 명절날 마을회관 마당에 울려 퍼지던 윷판의 짜릿함과 어르신들의 흥겨운 추임새. 아이들의 웃음소리 가득했던 골목의 모습이 아련하게 스쳐 지나간다. 우리 놀이의 숨결을 되살리고자 노력하신 오정윤 교수님과 여러 선생님들의 노고가 담긴 이 책은 우리네 삶과 함께 웃고 울었던 놀이문화의 기록이다. 잊혀져 가는 우리 전통놀이의 그 씨앗이 우리의 일상에 뿌리내리길 소망하며…!

- 정분아

집필자를 대신하여 몇 사람이 후기를 보내 왔다. 모두 전통놀이 현장에서 열심히 활동하고 있는 전통놀이 문화홍보대사, 전통놀이 외교관, 전통놀이 길잡이들이다. 이들의 목소리는 한결같다. 전통놀이 가운데 우리 겨레의 소중한 이런 판놀이가 현재 있다는 걸, 전승되고 있다는 것을 알리는 게 무엇보다 중요하다는 점이다.

역사책에서만 들었다는 저포, 쌍륙, 승경도, 승람도와 같은 전통놀이의 존재를 알려주는 것, 윷놀이와 참고누가 역사적 계승성과 놀이문화권을 이루고 있다는 것, 나아가 구구소한도, 육박, 성불도, 팔괘패, 칠교도와 같은 판놀이가 문화공간에서, 집집마다, 학교의 현장에서 활발하게 펼쳐지는 상상의 날개짓, 이들에게는 전통놀이가 훨훨훨 비상하는 이런 소망과 기대감이 가득할 따름이다. 모든 이들에게 전통놀이의 즐거움과 행복이 닿기를 희망하면서. 이 책의 탄생을 큰 박수로 맞이한다.

2024년 7월 31일
집필자 모두의 마음을 담아서
반갑다, 전통놀이 사용설명서

전통놀이 사용설명서

지은이
오정윤, 주정자, 이명자, 박미정, 조태희, 오미숙, 신지연, 김윤화, 이래양, 고은희, 신경선,
남기연, 이정희, 허회선, 김지혜, 정분아, 김재랑, 김미애, 최경화, 장미경, 장미화, 안두옥, 김연식,
권분경, 황보희, 김형미, 우덕희, 박연하, 홍수례, 한국역사인문교육원(미래학교), 한국전통놀이학교

펴낸곳 · 마인드큐브
펴낸이 · 이상용
책임편집 · 맹한승
디자인 · 정태성(투에스북디자인)
기획 · 한국역사인문교육원(미래학교)

출판등록 · 제2018-000063호
이메일 · eclio21@naver.com
전화 · 031-945-8046 **팩스** · 031-945-8047

초판 1쇄 발행 2024년 10월 7일

ISBN 979-11-88434-85-5 (03300)
값 25,000원